자기주도적 성장하는 구역

자기주도적
성장하는
구역

예수사랑

머리말

사람이 어떤 큰 일을 시도하여 그것을 성취하려면 그 일을 성취하기 위한 원리와 방법이 있다. 이러한 원리와 방법을 소홀히 취급하고서는 어떠한 일도 온전히 성취할 수가 없는 것은 자명한 일이다. 구역성장도 예외는 아니다. 구역이 성장하려면 성장을 위한 원리와 방법을 터득해야 한다.

그러나 우리가 분명히 기억해야 할 것은 구역성장을 위한 방법만 배우려고 해서는 안된다는 것이다. 방법이란 기교요, 테크닉일 뿐인 것이다. 물론 이것도 중요하다. 하지만 기교에 속한 방법만을 배워서는 시행착오만 되풀이 될 수밖에 없으며, 우리가 바라는 교회성장과 구역성장은 지지부진할 수밖에 없다는 고민을 다시 안게 될 것이다.

구역성장을 온전히 이루려면 성장방법 이전에 성장원리를 터득해야 함이 중요하다. 그리고 성장원리를 중심으로 해서 성장방법을 적용할 때 구역성장은 이루어 질 수 있다고 확신한다.

구역성장은 교회성장의 중요한 원리요 방법중에 하나라 할 수 있다. 그리하여 이번 구역공과에서는 '자기주도적 성장하는 구역' 이라는 제목을 가지고 구역성장의 원리를 중심으로 다루고 있다.

본 공과를 활용하여 우리의 각 구역들이 교회의 구역성장의 원리를 터득하고 방법을 새롭게 함으로써 부흥하는 교회와 구역이 되는데 있어 조금이라도 보탬이 될 수 있으면 하나님께 영광이 될 것이다.

도서출판 예수사랑 편집부

| 추천의 글 (수정 증보판 이전 추천글) |

전혀 새로운 구역공과

오늘날의 교회성장은 평신도를 어떻게 관리하며 훈련시키느냐에 달려 있습니다. 일찍이 평신도 신학의 대표학자인 헨드릭 크레머(Hendrik Kraemer)박사는 평신도는 동결된 자산이라고 했습니다.

평신도들이 엄청난 잠재력을 깨워서 복음의 일꾼으로 또는 교회를 섬기는 동력으로 만드는 것이 중요합니다. 그래서 최근에는 제자훈련이나 큐티(Q.T.), 또는 여러 선교단체에서 나오는 성경공부 교재가 나왔습니다. 그런데 결국 교회의 성장은 구역조직의 활성화와 구역공부를 잘할 때 교회가 성장했다는 것이 사실로 증명되었습니다.

이번에 도서출판 『예수사랑』에서 『성장하는 구역』이란 52주 구역공과 시리즈를 내어 놓았습니다. 이미 그는 『아름다운 구역』을 통해서 훌륭한 성과를 거둔바 있습니다. 그런데 이번의 공과는 보다 실제적이고 흥미있게 편집되어 구역장과 구역원들이 다함께 기쁜 마음으로 말씀을 묵상하면서 삶에 적용시킬 수 있고, 구역원 상호간에 아름다운 친교를 나눌 수 있도록 구성되어 있다고 봅니다.

도서출판 『예수사랑』의 노력을 치하드리고, 모든 성도들이 이 책을 사용하면서 많은 유익을 얻을 줄 알아서 몇 줄 적어 추천사에 대하는 바입니다.

전 총신대학장 **정 성 구** 목사

구역성장의 비밀이 이 책에

주님의 몸된 교회는 생명체이므로 성장해야 합니다. 그런데 성장을 위해서는 몸의 지체들이 균형있는 성장을 해야 합니다.

한국교회가 숫자적으로는 많이 성장했습니다. 이것은 하나님의 축복입니다. 그런데 건전한 성장을 위해서는 몸된 교회를 이루고 있는 지체, 구체적으로 말해서 구역이 바로 성장해야 합니다.

이번에 『도서출판 예수사랑』에서 구역의 생동적인 성장을 위해서 지침이 될 수 있는 좋은 책을 이 세상에 내 놓게된 것을 기쁘게 생각합니다.

본 구역공과 『성장하는 구역』은 목회현장에서 실제적으로 적용되어진 재료들을 기초로 하여서 마련되어진 것입니다. 목회생활은 무척 바쁜데 틈틈이 좋은 재료를 마련하여 이렇게 책으로 내놓는 일은 쉬운 일이 아닙니다. 열심히 기도하시고 공부하시고 힘쓰시고 교회를 성장시켜 보려는 뜨거운 목회자의 열정이 이 책에 담겨져 있습니다.

목회 일선에서 얻은 체험과 영감, 그리고 확신이 이 책 안에 기록되어 있습니다. 구역성장의 비밀이 이 책에 있습니다.

교회성장을 위해서 애쓰시는 목회자님들과 구역을 돌보시기 위해서 수고하시는 평신도 지도자들에게 실제적인 큰 도움이 되리라 믿어 확신을 가지고 추천합니다.

『성장하는 구역』이 한국교회의 완전한 성장에 크게 기여하리라 믿습니다.

갈보리교회 담임 박 조 준 목사

| 자성구 공과의 활용방법 |

1. 본 구역공과는 매주마다 한과씩 상반기 26주동안 활용할 수 있도록 편집되었다.

2. 본 구역공과는 구역장 한 사람이 진행하는 것이 아니라, 전 구역원이 구역예배 속에 모두 참석하여 말씀으로 은혜를 나누고 그 은혜를 생활에 적용하는 자기주도적 참여 형식으로 구성되어 있다.

3. 자기주도적 참여 방법은 '마음 나누기' 를 통해 ① 인사 나누기의 긍정적 지지를 하게 한다. ② 개역개정 성경말씀과 새찬송가를 수록하여 구역예배시 간편한 참여를 유도하였다. ③ 기도 인도자나 기도 예정자의 기도 순서를 두었다. ④ 중보기도 요청 하기, 중보기도 응답에 대한 감사기도 말하기 등 은혜 나누기를 통해 주도적으로 성장하는 구역의 효율성을 높이게 하였다.

4. 예배를 마친 순서에 나눔의 시간을 두어 오늘의 은혜를 삶에 적용하는 다짐을 서로 나눔으로 격려와 지지를 주어 성장하는 구역의 에너지가 되게 하였다.

5. 광고시간과 차시예고를 통해 다음 구역예배시 중보기도 내용을 준비 기록하게 하였다.

6. 이런 과정을 위해 각 구역 식구는 각각 한권씩 교재를 소지함으로써 성장하는 자기 참여식 구역예배가 되도록 기획되었다.

| 차례 |

Ⅲ. 생활성장

Ⅳ. 초대교회

Ⅴ. 절기론

01

날마다 성장하는 구역

또 비유를 들어 이르시되 천국은 마치 사람이 자기 밭에 갖다 심은 겨자씨 한 알 같으니 이는 모든 씨보다 작은 것이로되 자란 후에는 풀보다 커서 나무가 되매 공중의 새들이 와서 그 가지에 깃들이느니라

(마 13:31-32)

Memo

♣ 마음 나누기

1. 인사 (구역 식구들에게)

① 주님의 이름으로 환영합니다.

② 주님의 이름으로 축복합니다.

③ 주님의 이름으로 사랑합니다.

2. 찬송 (309장 목마른 내 영혼)

(1) 목마른 내 영혼 주가 이미 허락한 그 귀한 영생수 주여 갈망합니다
그 약속 따라서 힘써 간구하오니 오 주여 내 기도 어서 들어주소서

(2) 주 내게 약속한 큰 비 내려 주시려 은혜의 저 구름 건너 편에 떠올라
그 귀한 징조가 내게 밝히 보이니 나 힘을 다하여 주께 간구합니다

(3) 은혜의 소낙비 지금 흡족히 내려 구원의 큰 강물 흘러 차고 넘쳐서
내 추한 모든 죄 모두 씻어버리니 나 지금 은혜를 충만하게 받았네

(4) 그 차고 넘치는 주의 은혜의 물결 힘차게 밀려와 내게 만족합니다
오 할렐루야로 주를 찬송하오니 내 맘에 기쁨이 항상 충만함이라

(후렴) 예수의 사랑 예수의 사랑 바다 물결 같이 내게 임하니
영광의 물결에 온전히 싸여서 내 영혼의 기쁨 한량없도다

3. 기도 (인도자나 기도 순서자가 기도)

사랑의 하나님 오늘 ....

예수님의 이름으로 기도드립니다. 아멘

4. 중보기도 요청 나누기

① 기도 내용 말하기: ....

② 감사기도 내용 말하기: ....

③ 응답기도 내용 말하기: ....

Memo

옷을 입는 사람은 첫 단추를 제대로 끼워야 마지막까지 아름다운 모습으로 옷 매무새를 나타낼 수 있듯이, 우리 교회가 아름답게 성장하기 위해서는 연초(年初)의 첫 출발부터 구역성장을 위해 모든 구역들이 힘차게 앞으로 달려가야 한다. 좌로나 우로 치우치지 않는 신앙으로 달려가자. 연초에, 구역 모습의 시작은 미약하다고 할지라도 낙심이나 좌절, 불평의 모습은 멀리하고, 더욱 힘쓰고 애써서 연말(年末)에는 성장한 구역, 배로 부흥한 구역으로 나타나리라는 각오를 새롭게 하라.

〈거북이의 목을 나오게 하는 방법〉

이솝 우화에 태양과 바람이 힘 자랑을 하는 이야기가 있다. 바람이 아무리 세차게 몰아쳤어도 나그네의 옷을 벗길 수는 없었다. 그러나 태양이 따뜻하게 내리쬐자 나그네는 옷을 벗었다는 이야기이다.

움츠려 안으로 집어넣은 거북이의 목을 나오게 하는 방법은 무엇일까? 아무리 두들겨도 절대로 목을 밖으로 나오게는 할 수 없다고 한다. 단 한 가지, 따뜻하게 열을 가하면 목을 밖으로 내어놓는다고 한다. 우리 구역의 모든 일도, 힘으로만 해결하려는 어리석은 자가 되지 말고 주님의 사랑으로 해결하면 어떨까?

오늘 본문은 바로 구역성장을 갈망하는 우리에게 비전을 보여준다. 우리는 날마다 성장하는 구역이 되기 위해서 어떻게 할 것인가?

Memo

1. 성장 지향성인 구역이 되라.

식물을 보면 성장 지향성 식물이 있는 반면에, 느린 성장을 보이던가 아니면 아예 현상 유지형 식물이 있다.

성장 지향성 식물을 보라. 다른 식물에 비해서 무서운 속도로 성장하는데 무려 1년, 혹은 수년 내에 주변의 다른 식물보다 몇 배의 성장을 보이기도 한다.

겨자 나무는 팔레스타인 지역에서 흔히 볼 수 있는 식물로서 그 씨는 우리가 생각하는 것 이상으로 아주 작은 모양이다. 하지만 정원수로 정원에 심는 씨앗 중에서 가장 작은 씨앗이지만 가을이 되어 완전히 성장하면 무려 그 키가 3-4m나 되며, 그곳에는 각종 새들이 깃들고 그늘에서 사람들이 쉬기도 한다.

금년에 우리 구역을 겨자씨와 같이 성장 지향성 구역으로 만들자. 첫 모습은 작지만 갈수록 창대하게 성장하며 부흥하는 구역, 모든 사람들이 부러워하는 구역으로 만들자.

욥 8:7-8을 읽고 말씀의 의미를 통해 날마다 성장하는 구역이 되기 위해 어떻게 하면 좋을지 생각해 봅시다.

> 네 시작은 미약하였으나 네 나중은 심히 창대하리라 청하건대 너는 옛 시대 사람에게 물으며 조상들이 터득한 일을 배울지어다 (욥 8:7-8)

2. 구역을 옥토로 만들자.

씨앗이 아무리 좋아도 그 뿌린 씨앗이 성장할 수 있는 근원이 되는 땅이 좋지 않다면 씨앗은 성장할 수 없다. 옥토와 같은 땅은 씨앗을 날마다 아름답게 성장하게 한다. 풍성한 열매를 맺게 한다.

우리 구역을 아름다운 옥토와 같은 구역으로 만들자. 그래서 우리 구역의 옥토에 뿌려진 씨앗인 구역 식구마다 믿음과 축복이 영육간에 성장할 수 있게 하자. 옥토는 그냥 만들어지지 않는다. 구역을 옥토로 만들려면 구역 식구들의 마음 밭이 옥토가 되어야 한다.

마 13:18-23을 읽고 우리 마음 밭을 옥토로 만들기 위해 어떻게 할 것인지 생각해 보도록 합시다.

> 그런즉 씨 뿌리는 비유를 들으라 아무나 천국 말씀을 듣고 깨닫지 못할 때는 악한 자가 와서 그 마음에 뿌려진 것을 빼앗나니 이는 곧 길 가에 뿌려진 자요 돌밭에 뿌려졌다는 것은 말씀을 듣고 즉시 기쁨으로 받되 그 속에 뿌리가 없어 잠시 견디다가 말씀으로 말미암아 환난이나 박해가 일어날 때에는 곧 넘어지는 자요 가시떨기에 뿌려졌다는 것은 말씀을 들으나 세상의 염려와 재물의 유혹에 말씀이 막혀 결실하지 못하는 자요 좋은 땅에 뿌려졌다는 것은 말씀을 듣고 깨닫는 자니 결실하여 어떤 것은 백 배, 어떤 것은 육십 배, 어떤 것은 삼십 배가 되느니라 하시더라 (마 13:18-23)

3. 구역을 사랑의 분위기로 만들자.

옥토에 뿌리어진 씨앗은 자라면서 좋은 환경과 따뜻한 햇빛을 필요로 한다. 충분한 햇빛을 받으며 자라난 씨앗은 멀지 않은 날에 큰 식물로 자라나는 것이다.

구역을 사랑의 분위기로 만들라. 우리가 전도한 사람이 어떤 모습의 사람이라고 할지라도 따뜻한 햇볕과 같은 사랑을 서로 비춰줄 때 그들은 변화되고, 구역은 날마다 성장할 것이다. 한번 왔던 사람은 어떤 사람을 막론하고 그 사랑의 힘에 의해

Memo

서 구역을 생각하며, 구역 식구를 기억하게 하라.

고전 13:4-7을 읽고 구역을 사랑의 분위기로 만들기 위해 필요한 정신이 무엇인지 생각해 봅시다.

> 사랑은 오래 참고 사랑은 온유하며 시기하지 아니하며 사랑은 자랑하지 아니하며 교만하지 아니하며 무례히 행하지 아니하며 자기의 유익을 구하지 아니하며 성내지 아니하며 악한 것을 생각하지 아니하며 불의를 기뻐하지 아니하며 진리와 함께 기뻐하고 모든 것을 참으며 모든 것을 믿으며 모든 것을 바라며 모든 것을 견디느니라 (고전 13:4-7)

4. 영적 자양분을 사모하는 구역이 되자.

빠르게 성장하는 식물은 영양분을 흡수하는 힘이 다른 식물에 비해서 무척 왕성하며, 아이들도 성장할 때는 먹는 음식이 평상시 보다 두 배, 세 배로 늘어난다. 그러나 자양분이 아무리 좋다 해도 한 가지만 흡수하면 오히려 해가 될 수 있다. 그래서 농부는 곡식을 심을 때 질소, 인산, 칼리를 골고루 준다.

시 42:1-5을 읽고 말씀의 의미를 생각해 봅시다.

> 하나님이여 사슴이 시냇물을 찾기에 갈급함 같이 내 영혼이 주를 찾기에 갈급하니이다 내 영혼이 하나님 곧 살아 계시는 하나님을 갈망하나니 내가 어느 때에 나아가서 하나님의 얼굴을 뵈올까 사람들이 종일 내게 하는 말이 네 하나님이 어디 있느뇨 하오니 내 눈물이 주야로 내 음식이 되었도다 내가 전에 성일을 지키는 무리와 동행하여 기쁨과 감사의 소리를 내며 그들을 하나님의 집으로 인도하였더니 이제 이 일을 기억하고 내 마음이 상하는도다 내 영혼아 네가 어찌하여 낙심하며 어찌하여 내 속에서 불안해 하는가 너는 하나님께 소망을

두라 그가 나타나 도우심으로 말미암아 내가 여전히 찬송하리로다 (시 42:1-5)

Memo

신앙인은 영적 자양분을 골고루 섭취해야 한다. 신앙의 편식은 아름다운 신앙의 최대의 적이다. 우리의 신앙을 아름답게 성장시키기 위해 우리는 기도, 말씀, 성령 충만 등 영적 자양분을 골고루 섭취해야 한다.

♣ 나눔의 시간 갖기

1. 오늘 말씀을 중심으로 삶에 적용해 보세요.

2. 기도

사랑의 하나님 오늘

예수님의 이름으로 기도드립니다. 아멘

Memo

3. 광고

①..

②..

③..

4. 차시예고 (다음 구역공과 은혜시간에 중보기도 요청 내용과 감사의 기도 내용을 미리 공과에 적어오세요.)

5. 주기도문

02

구역성장의 필요성

예수께서 나아와 말씀하여 이르시되 하늘과 땅의 모든 권세를 내게 주셨으니 그러므로 너희는 가서 모든 민족을 제자로 삼아 아버지와 아들과 성령의 이름으로 세례를 베풀고 내가 너희에게 분부한 모든 것을 가르쳐 지키게 하라 볼지어다 내가 세상 끝날까지 너희와 항상 함께 있으리라 하시니라 (마 28:18-20)

Memo

♣ 마음 나누기

1. 인사 (구역 식구들에게)

① 당신은 주님의 멋진 동력자입니다.

② 당신은 복 받을 사람입니다.

③ 당신은 사랑받기 위해 태어난 사람입니다.

2. 찬송 (505장 온 세상 위하여)

(1) 온 세상 위하여 나 복음 전하리 만백성 모두 나와서 주 말씀 들으라
죄중에 빠져서 헤매는 자들아 주님의 음성 듣고서 너 구원 받으라

(2) 온 세상 위하여 이 복음 전하리 저 죄인 회개 하고서 주 예수 믿으라
이 세상 구하려 주 돌아가신것 나 증거 하지 않으면 그 사랑 모르리

(3) 온 세상 위하여 주 은혜 임하니 주 예수 이름 힘입어 이 복음 전하자
먼 곳에 나가서 전하지 못해도 나 어느 곳에 있든지 늘 기도 힘쓰리

(후렴) 전하고 기도해 매일 증인 되리라
세상 모든 사람 다듣고 그 사랑 알도록

3. 기도 (인도자나 기도 순서자가 기도)

사랑의 하나님 오늘 ....

....

....

예수님의 이름으로 기도드립니다. 아멘

4. 중보기도 요청 나누기

① 기도 내용 말하기: ....

② 감사기도 내용 말하기: ....

③ 응답기도 내용 말하기: ....

Memo

인생의 최대 목적은 하나님께 영광을 돌리는 것이다. 그러나 하나님께 영광을 돌리는 방법도 여러 가지가 있을 수 있다. 우리는 성도의 삶을 통하여 날마다 어떻게 하면 하나님께 영광을 돌릴 수 있을 것인가를 생각해야 할 것이다.

〈날마다 한 사람씩〉

무디는 날마다 한 사람씩 전도한다는 계획을 세워 놓고, 매일 실천했다고 한다. 그런데 하루는 한 사람에게도 전도를 하지 못하고 잠자리에 들었다. 그러나 마음이 편치 못한 그는 밖으로 나가서 어느 술주정꾼에게, "예수 믿으세요."라고 외친 후에야 잠을 잘 수 있었다.

그 후 몇 개월이 지난 어느 날, 그가 무디를 찾아와서는 예수 믿으라라는 당신의 말이 이상하게 내 귀를 떠나지 않아 이렇게 예수를 믿게 되었노라고 고백을 했다고 한다.

구역은 구역을 통하여 하나님께 영광을 돌려야 한다. 구역에서 하나님께 영광을 돌리는 최대의 아름다움은 구역성장을 이룩하는 것이다. 구역성장이란 하나님께 영광을 돌리는 최대의 아름다움이요, 주님의 몸된 교회를 성장시키고, 아름답게 하는 것이며, 구역의 아름다움을 만드는 지름길이다. 그러므로 구역은 날마다 성장해야 한다. 그렇다면 구역성장을 이룩해야 할 필요성에 대하여 생각해 보자.

1. 구역성장은 하나님의 뜻을 이루는 출발점이다.

주님은 성도의 헌신된 삶을 통하여 영광받으시기를 원하신

Memo

다. 그리고 땅 끝까지 복음이 전파되기를 원하신다. 그러므로 성장하지 않고는 하나님의 뜻을 이루어 드릴 수 없는 것이다. 구역을 통하여 우리가 어떻게 영광을 돌릴 것인가? 그것은 주님의 뜻을 이루어 드리는 것이다. 구역성장은 주님께 영광을 돌리는 최선의 방법이다.

> 예수께서 나아와 말씀하여 이르시되 하늘과 땅의 모든 권세를 내게 주셨으니 그러므로 너희는 가서 모든 민족을 제자로 삼아 아버지와 아들과 성령의 이름으로 세례를 베풀고 내가 너희에게 분부한 모든 것을 가르쳐 지키게 하라 볼지어다 내가 세상 끝날까지 너희와 항상 함께 있으리라 하시니라 (마 28:18-20)

> 그들이 모였을 때에 예수께 여쭈어 이르되 주께서 이스라엘 나라를 회복하심이 이 때니이까 하니 이르시되 때와 시기는 아버지께서 자기의 권한에 두셨으니 너희가 알 바 아니요 오직 성령이 너희에게 임하시면 너희가 권능을 받고 예루살렘과 온 유대와 사마리아와 땅 끝까지 이르러 내 증인이 되리라 하시니라 이 말씀을 마치시고 그들이 보는데 올려져 가시니 구름이 그를 가리어 보이지 않게 하더라 (행 1:6-9)

2. 구역성장은 그리스도를 닮아가는 것이다.

신앙의 최종 목표는 그리스도를 닮아가는 것이다. 이는 신자의 모습 속에서 예수 그리스도의 성품이 나타나는 것을 의미한다.

원수 마귀는 지금도 끊임없이 우리로 하여금 그리스도를 닮지 못하게 하고, 자기를 따르도록 미혹한다. 그러나 신자는 이 모든 것을 과감히 뿌리치고 주님을 닮아가는 삶을 살아야 한다.

주님을 닮아가는 삶은 영적성장을 통해서 이루어진다. 구역도 동일하다. 구역은 세상 인간의 썩어져 가는 삶의 모습을 닮아가서는 안된다. 오직 우리 생명의 구세주이신 예수 그리스도를 닮아가도록 힘써야 한다. 이것이 바로 구역성장이다. 구역성장은 구역이 예수 그리스도를 닮아가는 것이다.

Memo

> 너희는 이 세대를 본받지 말고 오직 마음을 새롭게 함으로 변화를 받아 하나님의 선하시고 기뻐하시고 온전하신 뜻이 무엇인지 분별하도록 하라 (롬 12:2)

> 하나님이 미리 아신 자들을 또한 그 아들의 형상을 본받게 하기 위하여 미리 정하셨으니 이는 그로 많은 형제 중에서 맏아들이 되게 하려 하심이니라 (롬 8:29)

3. 구역성장은 아름다운 구역을 이루는 지름길이다.

침체된 곳은 어디든지 어둡고 침울하다. 그 곳에는 살아 성장하는 생명력이 소진되고 있기 때문이다.

그러나 성장이 있는 곳에는 아름다움과 빛이 있다. 구역이 성장을 이루어야 할 이유는 바로 이런 점에 있다. 구역성장은 바로 구역의 아름다움이 이뤄지는 지름길이다. 우리 구역을 아름다운 분위기로 성장시키도록 힘쓰자.

요 1:1-12을 읽고 생명이요 빛이신 주님에 대해 생각해 봅시다.

> 태초에 말씀이 계시니라 이 말씀이 하나님과 함께 계셨으니 이 말씀은 곧 하나님이시니라 그가 태초에 하나님과 함께 계셨고 만물이 그로 말미암아 지은 바 되었으니 지은 것이 하나도 그가 없이는 된 것이 없느니라 그 안에 생명이 있었으니 이 생명은 사람들의 빛이라 빛이 어둠에 비치되 어둠이 깨닫지 못하더라 하나님께로부

Memo

터 보내심을 받은 사람이 있으니 그의 이름은 요한이라 그가 증언하러 왔으니 곧 빛에 대하여 증언하고 모든 사람이 자기로 말미암아 믿게 하려 함이라 그는 이 빛이 아니요 이 빛에 대하여 증언하러 온 자라 참 빛 곧 세상에 와서 각 사람에게 비추는 빛이 있었나니 그가 세상에 계셨으며 세상은 그로 말미암아 지은 바 되었으되 세상이 그를 알지 못하였고 자기 땅에 오매 자기 백성이 영접하지 아니하였으나 영접하는 자 곧 그 이름을 믿는 자들에게는 하나님의 자녀가 되는 권세를 주셨으니 (요 1:1-12)

출 34:29-35과 행 6:15을 읽고 모세와 스데반의 얼굴에 나타난 광채의 원인을 생각해 봅시다.

모세가 그 증거의 두 판을 모세의 손에 들고 시내 산에서 내려오니 그 산에서 내려올 때에 모세는 자기가 여호와와 말하였음으로 말미암아 얼굴 피부에 광채가 나나 깨닫지 못하였더라 아론과 온 이스라엘 자손이 모세를 볼 때에 모세의 얼굴 피부에 광채가 남을 보고 그에게 가까이 하기를 두려워하더니 모세가 그들을 부르매 아론과 회중의 모든 어른이 모세에게로 오고 모세가 그들과 말하니 그 후에야 온 이스라엘 자손이 가까이 오는지라 모세가 여호와께서 시내 산에서 자기에게 이르신 말씀을 다 그들에게 명령하고 모세가 그들에게 말하기를 마치고 수건으로 자기 얼굴을 가렸더라 그러나 모세가 여호와 앞에 들어가서 함께 말할 때에는 나오기까지 수건을 벗고 있다가 나와서는 그 명령하신 일을 이스라엘 자손에게 전하며 이스라엘 자손이 모세의 얼굴의 광채를 보므로 모세가 여호와께 말하러 들어가기까지 다시 수건으로 자기 얼굴을 가렸더라 (출 34:29-35)

공회 중에 앉은 사람들이 다 스데반을 주목하여 보니 그 얼굴이 천사의 얼굴과 같더라 (행 6:15)

우리의 신앙생활 속에 구해야 할 것을 대상 16:11을 읽고 생각해 봅시다.

> 여호와와 그의 능력을 구할지어다 항상 그의 얼굴을 찾을지어다 (대상 16:11)

4. 구역성장은 영적 전쟁에서 승리하는 길이다.

우리의 원수 마귀 사단은 지금도 우는 사자와 같이 두루 다니며 삼킬 자를 찾는다(벧전 5:8)고 했다.

> 근신하라 깨어라 너희 대적 마귀가 우는 사자 같이 두루 다니며 삼킬 자를 찾나니 너희는 믿음을 굳건하게 하여 그를 대적하라 이는 세상에 있는 너희 형제들도 동일한 고난을 당하는 줄을 앎이라 (벧전 5:8-9)

그러면 사탄은 어떤 사람들을 공략하는가? 사탄은 영적으로 성장하지 않는 사람들을 공략한다. 그러나 영적으로 성숙한 그리스도인은 예수 그리스도께서 이미 승리하셨기 때문에 영적 싸움에서 승리가 보장되어 있다. 당신의 신앙을 날마다 성장, 성숙시키라. 우리는 예수를 믿는, 구원받는 믿음으로만 만족할 수는 없다. 이제는 원수 마귀를 물리칠 수 있는 능력 있는 신앙생활이 요구되는 때이다.

구역성장은 영적성장이요, 생명 구원 운동을 통한 수적 성장이다. 구역이 영적으로, 그리고 수적으로 성장할 때 원수 마귀가 우리 구역을 해하지 못하게 되고, 이간치 못하게 될 것이다.

Memo

Memo

♣ 나눔의 시간 갖기

1. 오늘 말씀을 중심으로 삶에 적용해 보세요.

2. 기도

사랑의 하나님 오늘

예수님의 이름으로 기도드립니다. 아멘

3. 광고

①

②

③

4. 차시예고 (다음 구역공과 은혜시간에 중보기도 요청 내용과 감사의 기도 내용을 미리 공과에 적어오세요.)

5. 주기도문

03

구역성장의 원리

나는 참포도나무요 내 아버지는 농부라 무릇 내게 붙어 있어 열매를 맺지 아니하는 가지는 아버지께서 그것을 제거해 버리시고 무릇 열매를 맺는 가지는 더 열매를 맺게 하려 하여 그것을 깨끗하게 하시느니라 너희는 내가 일러준 말로 이미 깨끗하여졌으니 내 안에 거하라 나도 너희 안에 거하리라 가지가 포도나무에 붙어 있지 아니하면 스스로 열매를 맺을 수 없음 같이 너희도 내 안에 있지 아니하면 그러하리라 나는 포도나무요 너희는 가지라 그가 내 안에, 내가 그 안에 거하면 사람이 열매를 많이 맺나니 나를 떠나서는 너희가 아무 것도 할 수 없음이라 사람이 내 안에 거하지 아니하면 가지처럼 밖에 버려져 마르나니 사람들이 그것을 모아다가 불에 던져 사르느니라 너희가 내 안에 거하고 내 말이 너희 안에 거하면 무엇이든지 원하는 대로 구하라 그리하면 이루리라 너희가 열매를 많이 맺으면 내 아버지께서 영광을 받으실 것이요 너희는 내 제자가 되리라 아버지께서 나를 사랑하신 것 같이 나도 너희를 사랑하였으니 나의 사랑 안에 거하라 내가 아버지의 계명을 지켜 그의 사랑 안에 거하는 것 같이 너희도 내 계명을 지키면 내 사랑 안에 거하리라 내가 이것을 너희에게 이름은 내 기쁨이 너희 안에 있어 너희 기쁨을 충만하게 하려 함이라 내 계명은 곧 내가 너희를 사랑한 것 같이 너희도 서로 사랑하라 하는 이것이니라 (요 15:1-12)

Memo

♣ 마음 나누기

1. 인사 (구역 식구들에게)

① 당신은 주님의 멋진 형제(자매)입니다.

② 당신은 오늘 건강해 보이십니다.

③ 당신과 함께하여 기쁩니다.

2. 찬송 (435장 나의 영원하신 기업)

(1) 나의 영원하신 기업 생명보다 귀하다
나의 갈길 다가도록 나와 동행하소서
(2) 세상 부귀안일 함과 모든 명예 버리고
험한 길을 가는 동안 나와 동행 하소서
(3) 어둔 골짝 지나가며 험한 바다 건너서
천국 문에 이르도록 나와 동행 하소서
(후렴) 주께로 가까이 주께로 가오니
나의 갈길 다가도록 나와 동행 하소서 아멘

3. 기도 (인도자나 기도 순서자가 기도)

사랑의 하나님 오늘 ....

....

....

예수님의 이름으로 기도드립니다. 아멘

4. 중보기도 요청 나누기

① 기도 내용 말하기: ....

② 감사기도 내용 말하기: ....

③ 응답기도 내용 말하기: ....

"교회성장은 구역성장으로 부터!"라는 말이 있다. 그만큼 구역은 교회 내에서 중요한 위치를 차지하고 있음을 보여주는 말이라고 할 수 있다.

성장은 살아 있다는 뚜렷한 증거이다. 성장이 멈추었다는 것은 곧 개인이나 조직이 죽어가고 있음을 의미한다. 마찬가지로 영적성장은 우리 신앙의 침체를 막는 최선의 길이듯이, 구역성장은 교회의 침체를 막는 유일한 길이며, 이는 곧 하나님의 뜻이기도 하다.

〈눈물의 기도를 돌려주십시오!〉

전도의 왕, Colonel Clark은 지독히도 말주변이 없는 사람이었다. 그러나 그는 매일 밤 퇴근 후에는 술주정꾼, 좀도둑 등 희망이 없이 살아가는 사람들에게 열심히 전도를 했다. 그 결과 매년 5~6백 명의 사람들을 주님께 인도했다.

유명한 설교가 Torrey 박사가 전도의 비결을 물었다.

"저는 그들을 진심으로 사랑했습니다. 매일 그들을 위해 기도했습니다. 언젠가 도저히 전도를 할 수 없었던 적이 있었는데, 제가 그들을 위한 기도를 멈췄을 때였습니다. 저는 다시 하나님께 저의 눈물의 기도를 돌려 달라고 기도했었지요."

지금은 정체된 개인, 가정, 신앙의 생기를 되찾고, 교회마다 생동감 넘치는 시대를 열어야 한다. 성장은 결코 거저 이루어지는 것이 아니다.

Memo

1. 확신을 가져라.

모호하고 막연한 생각은 구역성장에 방해가 된다. 우리는 지난날의 모호하고 막연한 생각들을 정리하고 분명한 생각과 대상과 방향을 잡아야 한다.

금년 한 해 동안 우리 구역을 성장시켜, 교회 부흥을 이뤄야 한다는 분명한 생각과 확신을 소유하라. 지금까지의 막연한 신앙생활의 모습을 이제는 과감히 정리하고 새로운 각오로 신앙생활을 시작 하자.

> 진리가 예수 안에 있는 것 같이 너희가 참으로 그에게서 듣고 또한 그 안에서 가르침을 받았을진대 너희는 유혹의 욕심을 따라 썩어져 가는 구습을 따르는 옛 사람을 벗어 버리고 오직 너희의 심령이 새롭게 되어 하나님을 따라 의와 진리의 거룩함으로 지으심을 받은 새 사람을 입으라 (엡 4:21-24)

2. 구역예배를 생활화하라.

구역은 예수님을 주인으로 모신 그리스도인들이 사회와 이웃에게 복음을 전하려는 생활 속의 전초 기지이다. 구역예배는 먼저 복음을 받아 구원의 은혜와 감격을 얻은 우리가 이웃에게 이 복음을 전하기 위해 하나가 되어 하나님께 예배와 경배 드리는 시간이므로 중요하다.

금년에는 주일 성수와 더불어 구역예배에 우선순위를 설정하고, 나의 생활 속에서 구역예배가 중요한 비중이 되도록 결심해 보라. 열심히 모이는 구역은 성장하는 축복을 받을 것이다.

> 또 약속하신 이는 미쁘시니 우리가 믿는 도리의 소망을

움직이지 말며 굳게 잡고 서로 돌아보아 사랑과 선행을 격려하며 모이기를 폐하는 어떤 사람들의 습관과 같이 하지 말고 오직 권하여 그 날이 가까움을 볼수록 더욱 그리하자 (히 10:23-25)

Memo

3. 구역원 서로 사랑을 표현하라.

어떤 사람이 "표현되지 않는 사랑은 진정한 사랑이 아니다."라고 했듯이 사랑은 관심의 표현이며, 행복을 가져다주는 보석 상자이고, 성장을 가져다주는 질 높은 자양분이다.

구역이 사랑의 끈으로 묶여 있고 질 높은 사랑으로 하나된다면 어떤 모습의 사람이 들어온다해도 모든 허물은 덮어지고 구역은 성장할 것이다.

미움은 다툼을 일으켜도 사랑은 모든 허물을 가리느니라 (잠 10:12)

4. 이기심을 버리라.

이기심은 처음에는 미미하게 시작하지만 결국은 우리 사회 전체를 파괴하는 무서운 바이러스와 같다. 자신만을 아는 개인주의와 이기심이 팽배한 곳에서 성장은 있을 수 없다.

성장하는 곳은 이웃에 대한 희생과 봉사가 있는 곳이다. 교회성장과 구역성장을 최우선의 관심사로 삼으라. 이를 위해 희생과 봉사할 각오를 다지며 기회를 만들라.

때가 이르리니 사람이 바른 교훈을 받지 아니하며 귀가 가려워서 자기의 사욕을 따를 스승을 많이 두고
(딤후 4:3)

Memo

> 너는 이것을 알라 말세에 고통하는 때가 이르러 사람들이 자기를 사랑하며 돈을 사랑하며 자랑하며 교만하며 비방하며 부모를 거역하며 감사하지 아니하며 거룩하지 아니하며 무정하며 원통함을 풀지 아니하며 모함하며 절제하지 못하며 사나우며 선한 것을 좋아하지 아니하며 배신하며 조급하며 자만하며 쾌락을 사랑하기를 하나님 사랑하는 것보다 더하며 경건의 모양은 있으나 경건의 능력은 부인하니 이같은 자들에게서 네가 돌아서라 (딤후 3:1-5)

5. 순수한 동기를 가지라.

어떤 사람은 교회에 가서 일주일에 한번 예배드리는 것으로 만족하는 신앙을 가질지도 모른다. 그리고 "무엇 때문에 구역성장과 교회성장을 이야기하는지 이해할 수 없다."고 말할지도 모른다. 그러나 우리가 알아야 할 것은 교회성장, 구역성장 등 성장은 주님의 뜻이며, 성장하는 곳에는 기쁨과 보람이 따른다는 사실이다.

생각해 보라. 어린 아이가 자라지 않는다면 부모에게 어찌 기쁨이 있겠고, 씨앗을 뿌린 농부의 밭에 곡식이 자라지 않고, 과수원의 나무가 자람도 없고 열매조차 없다면 농부의 기쁨이 어떻게 있을 것인가?

요 15:1-2, 11을 읽고 구원농사의 주인되신 주님의 음성을 들어봅시다.

> 나는 참포도나무요 내 아버지는 농부라 무릇 내게 붙어 있어 열매를 맺지 아니하는 가지는 아버지께서 그것을 제거해 버리시고 무릇 열매를 맺는 가지는 더 열매를 맺게 하려 하여 그것을 깨끗하게 하시느니라…내가 이것을 너희에게 이름은 내 기쁨이 너희 안에 있어 너희

기쁨을 충만하게 하려 함이라 (요 15:1-2, 11)

Memo

하나님은 구원농사의 주인이시다. 주님은 성장을 원하신다. 그러므로 우리도 교회성장, 구역성장을 통하여 기쁨과 보람을 누리려는 순수한 동기를 가져야 한다.

♣ 나눔의 시간 갖기

1. 오늘 말씀을 중심으로 삶에 적용해 보세요.

2. 기도

사랑의 하나님 오늘

예수님의 이름으로 기도드립니다. 아멘

Memo

3. 광고

① ....

② ....

③ ....

4. 차시예고 (다음 구역공과 은혜시간에 중보기도 요청 내용과 감사의 기도 내용을 미리 공과에 적어오세요.)

5. 주기도문

04

구역성장과 아가페 원리

만물의 마지막이 가까이 왔으니 그러므로 너희는 정신을 차리고 근신하여 기도하라 무엇보다도 뜨겁게 서로 사랑할지니 사랑은 허다한 죄를 덮느니라 서로 대접하기를 원망 없이 하고 각각 은사를 받은 대로 하나님의 여러 가지 은혜를 맡은 선한 청지기 같이 서로 봉사하라 만일 누가 말하려면 하나님의 말씀을 하는 것 같이 하고 누가 봉사하려면 하나님이 공급하시는 힘으로 하는 것 같이 하라 이는 범사에 예수 그리스도로 말미암아 하나님이 영광을 받으시게 하려 함이니 그에게 영광과 권능이 세세에 무궁하도록 있느니라 아멘 (벧전 4:7-11)

Memo

♣ 마음 나누기

1. 인사 (구역 식구들에게)

① 당신은 은혜가 풍성한 사람입니다.

② 당신은 주님의 일꾼입니다.

③ 당신은 주님의 충성된 종입니다.

2. 찬송 (523장 어둔 죄악 길에서)

(1) 어둔 죄악 길에서 목자없는 양같이 모든 사람길 찾아 헤맨다
자비하신 하나님 독생자를 보내사 너를 지금 부르니 나오라
(2) 험한 십자가 위에 달려 돌아가신 주 다시 살아 나셨네 기쁘다
죄인 구원하실때 어서 주께 나아와 크신 은혜 구하라 구하라
(3) 주의 귀한 말씀에 영원 생명 있나니 주님 너를 용서해 주신다
주가 부르실 때에 힘과 정성 다하여 주의 은혜 받으라 받으라
(4) 세월 빨리 흐르고 세상 친구 가는데 너의 영혼 오늘밤 떠나도
주의 구원 받으면 천국에서 영원히 주와 함께 살리라 살리라
(후렴) 이때라 이때라 주의 긍휼받을 때가 이때라
지금 주께 나아와 겸손하게 아뢰라 구원함을 얻으리 얻으리

3. 기도 (인도자나 기도 순서자가 기도)

사랑의 하나님 오늘 ……………………………………

……………………………………

예수님의 이름으로 기도드립니다. 아멘

4. 중보기도 요청 나누기

① 기도 내용 말하기: ……………………

② 감사기도 내용 말하기: ……………………

③ 응답기도 내용 말하기: ……………………

Memo

우리가 믿는 하나님은 삼위일체가 되신 하나님이신데, 성부 하나님과 성자 하나님, 그리고 성령 하나님의 삼위로 계신다. 그러므로 교회를 운영하시는 분은 이 삼위일체 하나님이신 것이다.

교회가 부흥하고 성장하려면 이와 같은 원리가 적용되는데, 하나님과 목회자, 그리고 성도가 삼위일체가 되어야 하며, 구역성장이 이루어지려면 목회자의 지도 방침에 대한 순종과 구역장의 리더십, 그리고 구역원들의 자발적인 헌신과 참여라는 삼위일체의 원리로써 이루어진다.

〈먼저 기도해 주십시오〉

볼드윈(1867~1947)이 영국의 정권을 잡았을 때의 일이다. 군중들은 그를 환호하며 "만세!"를 불렀다. 그러나 볼드윈은 군중을 향해 엄숙히 말했다.

"여러분, 만세를 부르기보다는 나를 위해, 그리고 나라를 위해 먼저 기도해 주십시오."

우리에게 정말 제일 먼저 필요한 것은 기도이다.

어떤 사람은 구역성장의 원리를 이야기할 때 영어의 아가페(AGAPE)라는 말을 이용하여 다음과 같이 구역사랑의 원리로써 이루어진 구역이 되는 것이 중요하다고 하였다.

1. 확신의 원리(Assurance)

어떤 사람은 성장하는 교회의 멤버들은 무엇을 믿으며, 왜 내가 믿는지를 안다고 했다. 예수의 복음을 가진 우리가 신앙

Memo

생활에 확신이 없다면 능력 있는 그리스도인의 삶은 불가능할 것이다.

확신은 다른 말로 비전이라고도 할 수 있다. 구역을 성장시키려는 사람들은 적극적이고, 능동적으로 구역 부흥과 성장에 대한 확신과 비전을 가져야 한다. 확신이 없는 곳에서는 아무런 일도 일어나지 않는다.

막 9:23을 읽고 확신에 연관시켜서 다같이 생각해 봅시다.

> 예수께서 이르시되 할 수 있거든이 무슨 말이냐 믿는 자에게는 능히 하지 못할 일이 없느니라 하시니
> (막 9:23)

2. 은사의 원리(Gift)

구역성장을 원하는 사람들은 맹목적인 열심을 내는 자들이 아니다. 성령께서 주신 은사를 따라서 사명을 감당한다. 성장하려는 신자는 막연히 교회에 나오는 것으로 만족하지 않는다. 오히려 신앙을 성장시키려는 적극적인 의지를 가지고, 교회의 한 곳에서 충성, 헌신, 봉사하며, 목회자를 돕는 기쁨을 가진다.

은사라는 말은 헬라어의 '카리스'란 말인데, 이는 은혜, 감사, 그리고 기쁨이라는 의미를 가지고 있다.

벧전 4:7-11을 읽고 말씀의 의미를 생각해 보고, 주님의 몸된 전을 위하여 기쁨을 가지고 개인과 구역을 통하여 봉사할 수 있는 방안을 생각해 봅시다.

> 만물의 마지막이 가까이 왔으니 그러므로 너희는 정신을 차리고 근신하여 기도하라 무엇보다도 뜨겁게 서로

사랑할지니 사랑은 허다한 죄를 덮느니라 서로 대접하기를 원망 없이 하고 각각 은사를 받은 대로 하나님의 여러 가지 은혜를 맡은 선한 청지기 같이 서로 봉사하라 만일 누가 말하려면 하나님의 말씀을 하는 것 같이 하고 누가 봉사하려면 하나님이 공급하시는 힘으로 하는 것 같이 하라 이는 범사에 예수 그리스도로 말미암아 하나님이 영광을 받으시게 하려 함이니 그에게 영광과 권능이 세세에 무궁하도록 있느니라 아멘

(벧전 4:7-11)

Memo

3. 애정의 원리(Affection)

주님을 사랑하는 사람은 무엇보다 주님의 몸된 전인 교회를 사랑하는 사람이며, 교회를 사랑하는 사람이라면 누구든지 애정을 갖고 자기 구역을 사랑하여 구역 속에서 교회사랑, 주님사랑을 실천하는 자일 것이다.

성장하는 교회의 공통점은 애정과 자부심을 가지고 "우리교회가 최고!", 또는 "우리 구역이 최고!"라고 기꺼이 말한다. 또한 목회자에 대한 존경과 애정을 가지며, 목회자의 목회 철학과 지도력을 적극적으로 수용하고 따르며 순종한다.

그가 그리스도의 일을 위하여 죽기에 이르러도 자기 목숨을 돌보지 아니한 것은 나를 섬기는 너희의 일에 부족함을 채우려 함이니라 (빌 2:30)

갇힌 중에서 낳은 아들 오네시모를 위하여 네게 간구하노라 그가 전에는 네게 무익하였으나 이제는 나와 네게 유익하므로 네게 그를 돌려 보내노니 그는 내 심복이라

(몬 1:10-12)

Memo

4. 기도의 원리(Prayer)

교회성장과 구역성장을 소원하는 성도들의 특징은 복음 전도가 영적 싸움이라는 것을 알고, 날마다 규칙적으로 하나님께 기도하는 사람들이다. 그는 교회와 목회자, 그리고 구역 식구들을 위하여 날마다 중보기도를 한다.

시 121:3을 읽고 "너"라는 말 대신에 목회자와 구역 성도들의 이름을 넣어 읽어보고, 그들이 실족하지 않도록 내가 기도해야 할 이유는 무엇인지 생각해 봅시다.

> 여호와께서 너를 실족하지 아니하게 하시며 너를 지키시는 이가 졸지 아니하시리로다 (시 121:3)

5. 전도의 원리(Evangelism)

교회성장과 구역성장은 저절로 이루어지지 않고, 반드시 대가를 치러야 하는데 그것은 '전도'라는 대가이다.

행 9:26-35, 11:19-21을 읽고 교회성장의 원리를 찾아봅시다.

> 사울이 예루살렘에 가서 제자들을 사귀고자 하나 다 두려워하여 그가 제자 됨을 믿지 아니하니 바나바가 데리고 사도들에게 가서 그가 길에서 어떻게 주를 보았는지와 주께서 그에게 말씀하신 일과 다메섹에서 그가 어떻게 예수의 이름으로 담대히 말하였는지를 전하니라 사울이 제자들과 함께 있어 예루살렘에 출입하며 또 주 예수의 이름으로 담대히 말하고 헬라파 유대인들과 함께 말하며 변론하니 그 사람들이 죽이려고 힘쓰거늘 형제들이 알고 가이사랴로 데리고 내려가서 다소로 보내니라 그리하여 온 유대와 갈릴리와 사마리아 교회가 평안하여 든든히 서 가고 주를 경외함과 성령의 위로로 진행하여 수가 더 많아지니라 그 때에 베드로가 사방으

Memo

> 로 두루 다니다가 룻다에 사는 성도들에게도 내려갔더니 거기서 애니아라 하는 사람을 만나매 그는 중풍병으로 침상 위에 누운 지 여덟 해라 베드로가 이르되 애니아야 예수 그리스도께서 너를 낫게 하시니 일어나 네 자리를 정돈하라 한대 곧 일어나니 룻다와 사론에 사는 사람들이 다 그를 보고 주께로 돌아오니라 (행 9:26-35)

> 그 때에 스데반의 일로 일어난 환난으로 말미암아 흩어진 자들이 베니게와 구브로와 안디옥까지 이르러 유대인에게만 말씀을 전하는데 그 중에 구브로와 구레네 몇 사람이 안디옥이 이르러 헬라인에게도 말하여 주 예수를 전파하니 주의 손이 그들과 함께 하시매 수많은 사람들이 믿고 주께 돌아오더라 (행 11:19-21)

맥가브란 박사는 "그리스도를 증거하는데 순종함이 없는 교회는 성장하지 않는다."고 했는데, 이 말은 만고불변의 진리이다. 그러므로 교회와 구역의 성장을 원하는가? 모든 구역원들이 하나 되어서 영혼 구원에 대한 열정을 갖고, 매일 전도 대상자를 위해 기도하며 전도하는 삶을 살도록 하자.

♣ 나눔의 시간 갖기

1. 오늘 말씀을 중심으로 삶에 적용해 보세요.

Memo

2. 기도

사랑의 하나님 오늘

예수님의 이름으로 기도드립니다. 아멘

3. 광고

①

②

③

4. 차시예고 (다음 구역공과 은혜시간에 중보기도 요청 내용과 감사의 기도 내용을 미리 공과에 적어오세요.)

5. 주기도문

05

성장하는 구역과 초대교회

그 말을 받은 사람들은 세례를 받으매 이 날에 신도의 수가 삼천이나 더 하더라 그들이 사도의 가르침을 받아 서로 교제하고 떡을 떼며 오로지 기도하기를 힘쓰니라 사람마다 두려워하는데 사도들로 말미암아 기사와 표적이 많이 나타나니 믿는 사람이 다 함께 있어 모든 물건을 서로 통용하고 또 재산과 소유를 팔아 각 사람의 필요를 따라 나눠 주며 날마다 마음을 같이하여 성전에 모이기를 힘쓰고 집에서 떡을 떼며 기쁨과 순전한 마음으로 음식을 먹고 하나님을 찬미하며 또 온 백성에게 칭송을 받으니 주께서 구원 받는 사람을 날마다 더하게 하시니라 (행 2:41-47)

Memo

♣ 마음 나누기

1. 인사 (구역 식구들에게)

① 당신은 오늘 행복의 주인공입니다.

② 당신은 주님의 사랑의 메신저입니다.

③ 당신과 함께하여 행복합니다.

2. 찬송 (302장 내 주 하나님 넓고 큰 은혜는)

(1) 내 주 하나님 넓고 큰 은혜는 저 큰 바다 보다 깊다
너 곧 닻줄을 끌러 깊은데로 저 한가운데 가보라
(2) 왜 너 인생은 언제나 거기서 저 큰 바다 물결보고
그 밑 모르는 깊은 바다 속을 한번 헤아려 안보나
(3) 많은 사람이 얕은 물가에서 저 큰 바다 가려다가
찰싹 거리는 작은 파도 보고 마음 약하여 못가네
(4) 자 곧 가거라 이제 곧 가거라 저 큰 은혜 바다 향해
자 곧 네 노를 저어 깊은 데로 가라 망망한 바다로
(후렴) 언덕을 떠나서 창파에 배 띄워
내 주 예수 은혜의 바다로 네 맘껏 저어가라

3. 기도 (인도자나 기도 순서자가 기도)

사랑의 하나님 오늘 ....

....

예수님의 이름으로 기도드립니다. 아멘

4. 중보기도 요청 나누기

① 기도 내용 말하기: ....

② 감사기도 내용 말하기: ....

③ 응답기도 내용 말하기: ....

초대교회의 처음 모습은 오늘날의 구역을 닮은 구역교회의 모습을 갖고 있었다. 그러나 초대교회는 날마다 부흥 성장하는 교회였으며, 오늘날의 교회에 비하여 조금도 부족함이 없었다.

〈괌에 추락한 비행기와 지사〉

우리는 97년 8월 괌에서의 끔찍한 비행기 추락 사고를 기억할 것이다. 다시는 이런 일이 일어나서는 안되겠다. 그 사건을 통해 느낀 점 두 가지가 있다.

첫째, 괌 지사를 비롯한 많은 사람들의 헌신적인 봉사활동을 통해 오늘날의 참 선한 사마리아인을 발견했다.

둘째, '그들 모두가 하나님을 믿는 사람이었으면……' 하는 생각과, '진작 그들에게 복음을 전했으면……' 하는 안타까운 생각을 하게 되었다. 우리 모두가 이러한 마음가짐으로…….

초대교회는 처음 예수와 그의 열두 제자들로부터 시작되었다. 그러나 초대교회는 정체된 교회가 아니었고, 그 숫자는 날마다 성장, 부흥해서 예수께서 십자가에 죽으신 후 약 100여년이라는 짧은 기간 안에 양적으로나 질적으로, 그리고 영적으로도 소아시아 일대를 복음화 시키는 놀라운 성장을 가져왔던 것이다. 이것은 구역성장과 부흥의 모델이 된다.

1. 교육(Teaching, 42절)

초대교회는 가르치기를 힘쓰는 교회였으며, 배우기를 힘쓰는 자세를 가지고 있었다. 구역의 성장이 신앙의 성장없이는

Memo

불가능하다는 것은 자명한 사실이다. 그러므로 우리 구역이 성장하는 구역이 되기를 위하여서는 구역원 모두가 자신의 신앙 성장을 위해서 힘써야 하며, 신앙성장의 제일 요건은 날마다 하나님의 말씀을 배우기 힘쓰는 것에 있다는 사실을 기억하라.

행 17:10-12을 읽고 베뢰아 교회의 성장비결을 생각해 봅시다.

> 밤에 형제들이 곧 바울과 실라를 베뢰아로 보내니 그들이 이르러 유대인의 회당에 들어가니라 베뢰아에 있는 사람들은 데살로니가에 있는 사람들보다 더 너그러워서 간절한 마음으로 말씀을 받고 이것이 그러한가 하여 날마다 성경을 상고하므로 그 중에 믿는 사람이 많고 또 헬라의 귀부인과 남자가 적지 아니하나
>
> (행 17:10-12)

2. 교제(Fellowship, 42-46절)

초대교회의 성장 비결 중의 다른 하나는 서로 교제하기를 힘쓰는데 있었다. 그들은 모여서 떡을 떼며(42, 46절), 모든 물건에 대하여 유무상통했으며(44-45절), 기쁨과 순전한 마음으로 음식을 나누며 교제(46절)를 했던 것이다.

오늘날 구역성장 비결중에 하나는 구역원들간에 이루어지는 아름다운 신앙적인 교제 위에서 이루어진다.

> 그러므로 그리스도 안에 무슨 권면이나 사랑의 무슨 위로나 성령의 무슨 교제나 긍휼이나 자비가 있거든 마음을 같이하여 같은 사랑을 가지고 뜻을 합하며 한마음을 품어 아무 일에든지 다툼이나 허영으로 하지 말고 오직 겸손한 마음으로 각각 자기보다 남을 낫게 여기고 각각 자기 일을 돌볼뿐더러 또한 각각 다른 사람들의 일을 돌보아 나의 기쁨을 충만하게 하라 (빌 2:1-4)

3. 예배(Worship, 46-47절)

신자의 모임은 세상 사람들의 모임과는 그 성격이 다른데, 세상의 모임은 세상적인 것들을 위하여 모이지만, 신자들의 모임은 세상적인 일로 인하여 모임을 갖는 것이 아니라, 하나님께 예배하기 위하여 모이는 것이다. 예배는 하나님 백성된 자의 당연한 영적인 발로이다. 예배하기를 힘쓰는 곳에는 성장이 있기 마련이다. 신자가 간직해야 할 아름다운 신앙적인 습관은 주님께 예배드리기를 기뻐하는 것이다.

> 또 약속하신 이는 미쁘시니 우리가 믿는 도리의 소망을 움직이지 말며 굳게 잡고 서로 돌아보아 사랑과 선행을 격려하며 (히 10:23-24)

4. 기도(Prayer, 42절)

초대교회는 구역 교회의 모습밖에 없었지만 저들이 성장할 수 있었던 중요한 원동력은 날마다 뜨겁게 기도하는 기도모임이었기 때문이었다.

기도는 모든 문제를 해결할 뿐만 아니라, 모든 성장의 원동력임을 기억하라.

> 오순절 날이 이미 이르매 그들이 다같이 한 곳에 모였더니 홀연히 하늘로부터 급하고 강한 바람 같은 소리가 있어 그들이 앉은 온 집에 가득하며 마치 불의 혀처럼 갈라지는 것들이 그들에게 보여 각 사람 위에 하나씩 임하여 있더니 그들이 다 성령의 충만함을 받고 성령이 말하게 하심을 따라 다른 언어들로 말하기를 시작하니라 (행 2:1-4)

Memo

Memo

5. 봉사(Ministry, 45절)

초대교회는 서로 봉사하는 교회의 모습을 간직하고 있었기에 날마다 성장하는 역사가 있었다. 신자의 가정에 어려운 문제가 있을 때나, 궂은 일이 있을 때에 초대교회와 같이 서로 봉사하는 구역이 되는 것은 대단히 중요하다. 이웃의 전도 대상자의 가정에 대하여 이같이 하라. 그런 구역은 날마다 성장하게 될 것이다.

초대교회는 이렇게 하여 온 백성들에게 칭송듣는 교회를 이루었기 때문에 날마다 구원의 역사가 일어났던 것이다(47절).

6. 찬송(Praise, 47절)

초대교회의 또 하나의 특징은 하나님을 찬미하는 일에 열심이었다. 구역원들이 구역에 모여서 하나님께 예배하며, 뜨겁게 기도하고, 열심히 찬송하는 삶을 산다는 것은 대단히 중요하다. 성장하는 구역을 조사해 보면 구역예배에서 찬송이 뜨겁다는 것을 알 수 있다. 우리 구역을 찬송이 뜨거운 구역으로 만들라.

> 입술의 열매를 창조하는 자 여호와가 말하노라 먼데 있는 자에게든지 가까운데 있는 자에게든지 평강이 있을지어다 평강이 있을지어다 내가 그를 고치리라 하셨느니라 (사 57:19)

7. 전도(Evangelism, 47절)

행 8:1-6을 읽고 "흩어진 사람들"은 어떤 사람들인지 살펴보고, 당신의 전도 환경을 비교해서 생각해 봅시다.

> 사울은 그가 죽임 당함을 마땅히 여기더라 그 날에 예

루살렘에 있는 교회에 큰 박해가 있어 사도 외에는 다 유대와 사마리아 모든 땅으로 흩어지니라 경건한 사람들이 스데반을 장사하고 위하여 크게 울더라 사울이 교회를 잔멸할새 각 집에 들어가 남녀를 끌어다가 옥에 넘기니라 그 흩어진 사람들이 두루 다니며 복음의 말씀을 전할새 빌립이 사마리아 성에 내려가 그리스도를 백성에게 전파하니 무리가 빌립의 말도 듣고 행하는 표적도 보고 한마음으로 그가 하는 말을 따르더라 (행 8:1-6)

복음 전도가 없는 곳에 성장은 있을 수 없다. 초대교회의 성도들은 자기가 먼저 믿어 구원받은 사실을 이웃에게 전하기에 힘쓰는 일에 주력하였다. 저들은 복음을 전하므로 인해서 수많은 고난, 핍박, 환난을 당하기도 했다. 그렇지만 핍박과 멸시, 천대, 조롱이 초대 교인들을 굴복시키지는 못했다. 이런 사실은 짧은 기간 동안에 소아시아 일대를 복음화시키는 기적을 이룬 것이다.

♣ 나눔의 시간 갖기

1. 오늘 말씀을 중심으로 삶에 적용해 보세요.

Memo

Memo

2. 기도

사랑의 하나님 오늘

예수님의 이름으로 기도드립니다. 아멘

3. 광고

①

②

③

4. 차시예고 (다음 구역공과 은혜시간에 중보기도 요청 내용과 감사의 기도 내용을 미리 공과에 적어오세요.)

5. 주기도문

06

성장하는 구역과 고린도교회

형제들아 내가 우리 주 예수 그리스도의 이름으로 너희를 권하노니 모두가 같은 말을 하고 너희 가운데 분쟁이 없이 같은 마음과 같은 뜻으로 온전히 합하라 (고전 1:10)

Memo

♣ 마음 나누기

1. 인사 (구역 식구들에게)

① 주님의 이름으로 환영합니다.

② 나는 오늘 축복의 주인공이 되고 싶습니다.

③ 주님의 이름으로 축복합니다.

2. 찬송 (91장 슬픈 마음 있는 사람)

(1) 슬픈 마음 있는 사람 예수 이름 믿으면
영원토록 변함 없는 기쁜 마음 얻으리
(2) 거룩하신 주의 이름 너의 방패 삼으라
환난 시험 당할 때에 주께 기도 드려라
(3) 존귀하신 주의 이름 우리 기쁨 되도다
주의 품에 안길 때에 기뻐 찬송 부르리
(4) 우리 갈 길 다 간 후에 보좌 앞에 나아가
왕의 왕께 경배하며 면류관을 드리리
(후렴) 예수의 이름은 세상의 소망이요
예수의 이름은 천국의 기쁨일세

3. 기도 (인도자나 기도 순서자가 기도)

사랑의 하나님 오늘 ....

예수님의 이름으로 기도드립니다. 아멘

4. 중보기도 요청 나누기

① 기도 내용 말하기: ....

② 감사기도 내용 말하기: ....

③ 응답기도 내용 말하기: ....

고린도교회는 신자들 사이에 있는 분쟁의 문제로 지속적인 교회성장이 정체되고 있었다. 제 3차 전도여행 중에 에베소에서 약 3년간 머물고 있던 사도 바울은 이런 여러 가지 고린도교회의 소식에 접하여서 저들이 문제를 해결하고 지속적인 성장을 계속할 수 있도록 하기 위해 몇 가지 권면을 한다.

〈서로 많이 먹으려고 싸울 때〉

메추라기 소리를 잘 내는 사냥꾼이, 메추라기 소리를 내어 메추라기들을 모여들게 한 후, 그물을 던져 많은 메추라기들을 잡았다. 영리한 메추라기 두목이 말했다.

"또 사냥꾼에게 속아 그물에 갇히게 되면, 속으로 '하나, 둘, 셋!' 하고는 힘을 합해 공중으로 날아라. 그리고 나뭇가지에 그물이 걸리게 하고 밑으로 빠져 나오면 살 수 있어."

그렇게 해서 한 동안 사냥꾼은 메추라기를 잡을 수가 없었다. 그러던 어느 날, 사냥꾼은 작전을 바꾸었다. 이번엔 메추라기의 먹이로 메추라기를 유인했다. 메추라기들이 다시 모여들기 시작했다.

메추라기들이 서로 많이 먹으려고 싸울 때 사냥꾼은 그물을 던졌다. 우리가 하나되지 못하고 서로 싸울 때, 마귀의 그물은 우리의 머리를 덮고 있다.

오늘날도 교회와 구역의 성장을 방해하기 위하여 원수 마귀는 끊임없이 역사하고 있다. 이러한 때에 우리가 구역성장에 방해되는 요인은 무엇인가를 찾아보고, 그런 요인을 제거하여 구역성장을 이루려는 노력을 갖는 것은 대단히 중요하다.

Memo

그렇다면 구역성장을 위해서 우리는 어떻게 할 것인가?

1. 분쟁을 없이하라.

마귀는 성장을 방해하기 위해 분쟁을 유도한다. 그러므로 교회나 구역에서 구성원들이 서로 분쟁한다면 그곳에 성장은 있을 수 없다. 구역은 원수 마귀로 하여금 교회를 해하지 못하도록 지키는 최일선의 방어 기지이다. 구역원들이 하나가 되어 이런 사명을 감당할 때 교회와 구역은 날마다 성장하게 될 것이다.

엡 4:1-5을 읽고 하나됨의 중요성에 대하여 생각해 봅시다.

> 그러므로 주 안에서 갇힌 내가 너희를 권하노니 너희가 부르심을 받은 일에 합당하게 행하여 모든 겸손과 온유로 하고 오래 참음으로 사랑 가운데서 서로 용납하고 평안의 매는 줄로 성령이 하나 되게 하신 것을 힘써 지키라 몸이 하나요 성경도 한 분이시니 이와 같이 너희가 부르심의 한 소망 안에서 부르심을 받았느니라 주도 한 분이시요 믿음도 하나요 세례도 하나요 (엡 4:1-5)

2. 같은 말을 하라.

라이훗이란 사람은 '같은 말을 한다'는 표현을 어떤 공동체가 분열이나 파당이 생기지 않고 상호간에 우호적인 관계에서 하나가 되도록 돕는 말이라고 했다. 과연 그러하다. 우리가 구역성장을 이루려면 모든 구역원들의 의견이 통일되어 한 목소리가 되어야 함은 자명하다. 구역성장은 한 목소리로 구역성장과 부흥을 염원해야 가능하다.

삿 7:19-23을 읽고 한 목소리의 능력을 생각해 봅시다.

기드온과 그와 함께 한 백 명이 이경 초에 진영 근처에 이른즉 바로 파수꾼들을 교대한 때라 그들이 나팔을 불며 손에 가졌던 항아리를 부수니라 세 대가 나팔을 불며 항아리를 부수고 왼손에 횃불을 들고 오른손에 나팔을 들어 불며 외쳐 이르되 여호와와 기드온의 칼이다 하고 각기 제자리에 서서 그 진영을 에워싸매 그 온 진영의 군사들이 뛰고 부르짖으며 도망하였는데 삼백 명이 나팔을 불 때에 여호와께서 그 온 진영에서 친구끼리 칼로 치게 하시므로 적군이 도망하여 스레라의 벧싯다에 이르고 또 답밧에 가까운 아벨므홀라의 경계에 이르렀으며 이스라엘 사람들은 납달리와 아셀과 온 므낫세에서부터 부름을 받고 미디안을 추격하였더라

(삿 7:19-23)

Memo

3. 같은 마음을 가지라.

사람이 큰 일을 이루려면 혼자의 힘으로는 불가능하다. 함께 돕는 동역자들이 필요하며, 구성원 모두가 한 마음으로 하나가 되어야 한다.

구역 부흥과 성장은 그냥 이루어지지 않는다. 구역원 모두가 부흥을 위해 일치된 말을 하고 같은 마음을 가지는 것이 중요하다. 공동의 목표를 향한 흔들리지 않는 신앙의 토대 위에 세워진 하나 되는 마음이 교회와 구역 부흥의 기적을 이룬다.

잠 4:23을 읽고 같은 마음의 중요성에 대해 생각해 봅시다.

모든 지킬 만한 것 중에 더욱 네 마음을 지키라 생명의 근원이 이에서 남이니라 (잠 4:23)

4. 같은 뜻을 가지라.

성경 원어에 보면 '뜻' 이란 말을 '목표' 또는 '판단' 이라 했

Memo

다. 우리에게 공동의 목표가 있을 때 그것을 성취하려면, 모든 사람들이 공동의 책임의식을 가지고, 온전한 사리 판단을 하며 나아가야 할 것을 보여주는 말이다.

구역 부흥도 같은 원리를 갖는다. 구역은 공동 운명체이다. 구역에 속한 모든 사람들은 자기 구역을 통하여 신앙의 교제와 성장을 가져온다. 그러므로 같은 뜻과 목표로 믿음의 길을 나아가라. 그리할 때 신앙성장과 구역성장은 이루어질 것이요, 하나님은 영광을 받으실 것이다.

> 이제 인내와 위로의 하나님이 너희로 그리스도 예수를 본받아 서로 뜻이 같게 하여 주사 한마음과 한 입으로 하나님 곧 우리 주 예수 그리스도의 아버지께 영광을 돌리게 하려 하노라 (롬 15:5-6)

5. 같은 믿음을 가지라.

오늘날 어떤 사람들은 교회 안에서의 신앙생활에 만족하지 못하고, 영안이 밝다거나, 어떤 특별한 은사를 받은 사람을 찾아서 기도원이나, 각종 제단 쌓는 곳과 신령하다는 예배 처소를 찾는다. 그러나 여기에는 심각한 문제점이 있으니, 그곳이 이단인지, 아니면 잘못된 다른 신앙 단체인지 잘 모른다는 것이다.

뿐만 아니라 신자가 교회 안에서의 목회자의 지도를 벗어나고, 교회 중심적인 신앙을 벗어나며, 교회 밖의 신비한 신앙 체험에 자꾸 치우치다 보면, 자칫 지나친 신비주의에 빠지게 되고, 바르고 참된 신앙생활은 점점 멀어지게 되며, 결국 이런 신앙생활은 교회성장과 구역성장을 해치는 요인이 되는 것이다.

딛 1:4을 읽고 바울이 디도에게 "참 아들"이라고 말한 이유에 대해 생각되는 바를 말해 봅시다.

> 같은 믿음을 따라 나의 참 아들 된 디도에게 편지하노니 하나님 아버지와 그리스도 예수 우리 구주로부터 은혜와 평강이 네게 있을지어다 (딛 1:4)

교회 안에서 신자의 신앙은 하나가 되어야 한다. 목회자가 가르치는 말씀과 은혜로 하나가 되는 구역을 만들어 갈 때 성장은 날마다 이루어 질 것이다.

♣ 나눔의 시간 갖기

1. 오늘 말씀을 중심으로 삶에 적용해 보세요.

Memo

Memo

2. 기도

사랑의 하나님 오늘

예수님의 이름으로 기도드립니다. 아멘

3. 광고

①

②

③

4. 차시예고 (다음 구역공과 은혜시간에 중보기도 요청 내용과 감사의 기도 내용을 미리 공과에 적어오세요.)

5. 주기도문

07

정체된 구역과 성장원리

그 때에 스데반의 일로 일어난 환난으로 말미암아 흩어진 자들이 베니게와 구브로와 안디옥까지 이르러 유대인에게만 말씀을 전하는데 그 중에 구브로와 구레네 몇 사람이 안디옥에 이르러 헬라인에게도 말하여 주 예수를 전파하니 주의 손이 그들과 함께 하시매 수많은 사람들이 믿고 주께 돌아오더라 예루살렘 교회가 이 사람들의 소문을 듣고 바나바를 안디옥까지 보내니 그가 이르러 하나님의 은혜를 보고 기뻐하여 모든 사람에게 굳건한 마음으로 주와 함께 머물러 있으라 권하니 바나바는 착한 사람이요 성령과 믿음이 충만한 사람이라 이에 큰 무리가 주께 더하여지더라 바나바가 사울을 찾으러 다소에 가서 만나매 안디옥에 데리고 와서 둘이 교회에 일 년간 모여 있어 큰 무리를 가르쳤고 제자들이 안디옥에서 비로소 그리스도인이라 일컬음을 받게 되었더라

(행 11:19-26)

Memo

♣ 마음 나누기

1. 인사 (구역 식구들에게)

① 주님의 이름으로 사랑합니다.

② 당신은 축복의 통로입니다.

③ 당신은 주님의 멋진 동력자입니다.

2. 찬송 (220장 사랑하는 주님 앞에)

(1) 사랑하는 주님 앞에 형제 자매 한 자리에
크신 은혜 생각하며 즐거운 찬송 부르네
내 주 예수 본을 받아 모든 사람 내 몸 같이
환난 근심 위로하고 진심으로 사랑하세

(2) 사랑하는 주님 앞에 온갖 충성 다 바쳐서
괴로우나 즐거우나 주님만 힘써 섬기네
우리 주님 거룩한 손 제자들의 발을 씻어
남 섬기는 종의 도를 몸소 행해 보이셨네

(3) 사랑하는 주님 예수 같은 주로 섬기나니
한 피 받아 한 몸 이룬 형제여 친구들이여
한 몸 같이 친밀하고 마음으로 하나되어
우리 주님 크신 뜻을 지성으로 준행하세

3. 기도 (인도자나 기도 순서자가 기도)

사랑의 하나님 오늘 ....

예수님의 이름으로 기도드립니다. 아멘

4. 중보기도 요청 나누기

① 기도 내용 말하기: ....

② 감사기도 내용 말하기: ....

③ 응답기도 내용 말하기: ....

Memo

이 세상에 어떤 사람도 구역성장을 원하지 않는 사람은 아무도 없을 것이다. 그러나 때로는 우리가 원하지 않아도, 알지 못하는 사이에 구역이 침체되어 있는 것을 발견할 때가 있고, 이것 때문에 난감해 할 경우가 있다.

〈뚜렷한 목표〉

미국으로 이민을 간 어떤 청년이, 우선 목표로 구두 수선을 배우기로 작정했다. 구두 수선으로 성공한 한 노인을 찾아갔다. 그 노인은 말하기를, '적어도 6개월은 배워야 함에도 불구하고 많은 사람들이 일주일 정도를 배우고는 더 이상 배울 것이 없다.' 라고 하면서 다 가버렸다고 했다.

그러나 그는 6개월이 아니라 1년 동안 성실히 배웠고, 1년 후에는 자신의 회사를 차렸다. 뿐만 아니라, 세월이 흐른 후 그는 은행을 설립하고 은행장이 되어 있었다.

하나님의 구역은 정체되면 안된다. 날마다 새로워져야 하고, 부흥하며, 발전적이어야 한다. 정체된 구역의 모습을 탈피해 가야만이 구역성장은 이루어지는 것이다. 그렇다면 우리가 정체된 구역이 되지 아니하고, 구역이 정체되었을 경우에도 정체된 구역의 모습을 벗어나서, 부흥 성장하는 구역으로 만들기 위해서는 어떻게 해야 할 것인가?

오늘은 이 문제에 대하여 생각해 보도록 하자.

1. 비전(VISION)을 새롭게 하라.

정체된 구역을 벗어나려면 제일 먼저 해야 할 작업이 있으

Memo

니, '우리 구역이 정체된 이유가 무엇일까?' 라고 구역 정체의 원인을 분석하는 일이다. 어떤 문제가 생겼을 때, 그것의 원인을 모르고는 그 문제를 해결할 수가 없기 때문에 구역에서는 구역장을 중심으로 전 구역원들이 이 문제를 가지고 깊이 기도하면서 원인을 발견하려고 해야 한다. 그리고 구역 정체의 원인이 발견된 다음에는 그 문제를 전 구역원들이 합심하여 하나씩 해결해 나가라. 뿐만 아니라 정체의 원인을 해결해 나가면서 구역의 성장 비전을 새롭게 세우는 것이 중요하다. 새로운 비전을 중심으로 해서 구역에서 달려갈 때에 그 구역은 정체를 벗어나고 성장하게 된다.

그렇다면 구역의 정체 원인을 발견하기 위해서 함께 기도하면서 구역에서 계속적으로 실행해야 할 일은 무엇인지 잠 15:22을 읽고 다같이 생각해 봅시다.

> 의논이 없으면 경영이 무너지고 지략이 많으면 경영이 성립하느니라 (잠 15:22)

2. 성령 충만을 사모하라.

구역 모임의 정체는 구역의 구성원인 사람들의 신앙의 정체를 의미한다. 그러므로 이 문제를 해결하는 가장 중요한 원동력의 또 다른 하나는 그 구역에 모인 사람들의 신앙생활이 새로워지는 것이다. 성령 충만한 삶은 구역의 정체 문제를 해결하고 구역에 새로운 활력을 준다. 그러므로 성령 충만하기 위해 힘쓰라.

행 13:50-52을 읽고 제자들이 핍박 가운데서도 기쁨으로 신앙생활에 정진할 수 있었던 근본 원인에 대해 살펴봅시다.

이에 유대인들이 경건한 귀부인들과 그 시내 유력자들을 선동하여 바울과 바나바를 박해하게 하여 그 지역에서 쫓아내니 두 사람이 그들을 향하여 발의 티끌을 떨어 버리고 이고니온으로 가거늘 제자들은 기쁨과 성령이 충만하니라 (행 13:50-52)

Memo

3. 성장의 목표를 설정하라.

구역 정체를 벗어나고 날마다 성장하는 구역이 되려면 구역성장의 목표를 설정해야 한다. 목표가 없는 곳에는 나태와 무력함과 침체가 있지만, 분명한 목표가 있는 곳에는 항상 새로움이 있고, 성장이 있다. 금년의 구역성장 목표를 설정하고, 이것을 성취하기 위하여 소원을 두고 끈질기게 기도하며 분발하라. 구역성장의 열매가 있게 될 것이다.

너희가 나를 택한 것이 아니요 내가 너희를 택하여 세웠나니 이는 너희로 가서 열매를 맺게 하고 또 너희 열매가 항상 있게 하여 내 이름으로 아버지께 무엇을 구하든지 다 받게 하려 함이라 (요 15:16)

4. 새신자 확보에 최우선하라.

어떤 사람들은 구역의 정체를 친한 사람들이 없기 때문이라고 한다. 그러나 인간적으로 친밀한 사람들이 모여 있는 곳이라고 해서 구역의 정체를 벗어나고, 구역성장을 가져오는 것은 아니다. 오히려 지나치게 친밀한 사람들만 모여 있는 곳은 구역 속에 다른 새로운 사람들이 비집고 들어갈 틈이 없어서 구역성장의 방해 요인이 되기도 한다. 성장하는 구역, 활동적인 구역은 새로운 얼굴들이 많이 보이는 구역이며, 새로운 사람도 금방 정착할 수 있는 구역이다.

Memo

우리 구역에서 새신자가 많아지게 기도하자. 모든 구역원들은 새로운 구역원을 위하여서 날마다 최우선의 관심을 가지고 힘쓰고 애써야 한다.

> 그들이 사도의 가르침을 받아 서로 교제하고 떡을 떼며
> 오로지 기도하기를 힘쓰니라 (행 2:42)

5. 믿음을 증진시키라.

침체된 구역이 침체를 벗어나고, 구역의 활력을 얻으려면, 믿음의 증진이 필요하다. 구역원들이 한 마음이 되어서 믿음의 증진을 위하여 노력할 때 구역을 통하여 구원받는 사람들이 날마다 늘어나게 된다.

> 그가 이르러 하나님의 은혜를 보고 기뻐하여 모든 사람
> 에게 굳건한 마음으로 주와 함께 머물러 있으라 권하니
> 바나바는 착한 사람이요 성경과 믿음이 충만한 사람이
> 라 이에 큰 무리가 주께 더하여지더라 (행 11:23-24)

우리 구역을 성령과 믿음이 충만한 구역으로 만들어 가도록 하기 위하여 어떻게 할 것인가? 구역의 성장을 바라는 우리는 늘 기도하며 하나님을 향한 믿음을 증진시켜야 할것이다.

♣ 나눔의 시간 갖기

Memo

1. 오늘 말씀을 중심으로 삶에 적용해 보세요.

2. 기도

사랑의 하나님 오늘

예수님의 이름으로 기도드립니다. 아멘

3. 광고

①

②

③

4. 차시예고 (다음 구역공과 은혜시간에 중보기도 요청 내용과 감사의 기도 내용을 미리 공과에 적어오세요.)

5. 주기도문

08

믿음의 창시자 이신 예수님

믿음의 주요 또 온전하게 하시는 이인 예수를 바라보자 그는 그 앞에 있는 기쁨을 위하여 십자가를 참으사 부끄러움을 개의치 아니하시더니 하나님 보좌 우편에 앉으셨느니라 (히 12:2)

Memo

♣ 마음 나누기

1. 인사 (구역 식구들에게)

① 당신은 복 받을 사람입니다.

② 당신은 사랑받기 위해 태어난 사람입니다.

③ 당신은 주님의 멋진 형제(자매)입니다.

2. 찬송 (369장 죄짐 맡은 우리 구주)

(1) 죄짐 맡은 우리 구주 어찌 좋은 친군지 걱정근심 무거운 짐 우리 주께 맡기세 주께 고함 없는 고로 복을 받지 못하네 사람들이 어찌하여 아뢸 줄을 모를까

(2) 시험 걱정 모든 괴롬 없는 사람 누군가 부질없이 낙심 말고 기도 드려 아뢰세 이런 진실하신 친구 찾아 볼 수 있을까 우리 약함 아시오니 어찌 아니 아뢸까

(3) 근심 걱정 무거운 짐 아니진 자 누군가 피난처는 우리 예수 주께 기도 드리세 세상 친구 멸시하고 너를 조롱하여도 예수 품에 안기어서 참된 위로 받겠네 아멘

3. 기도 (인도자나 기도 순서자가 기도)

사랑의 하나님 오늘 ....

....

예수님의 이름으로 기도드립니다. 아멘

4. 중보기도 요청 나누기

① 기도 내용 말하기: ....

② 감사기도 내용 말하기: ....

③ 응답기도 내용 말하기: ....

Memo

어떤 사람이 포드 자동차를 타고 고속도로를 가다가 자동차가 고장이 나서 쩔쩔매고 있었다. 그때 길을 가던 점잖은 노신사 한 분이 "도와 드릴까요?" 하면서 자동차를 순식간에 고쳐놓는 것이 아닌가? 깜짝 놀라서 "어떻게 그렇게도 자동차를 잘 고칠 수 있지요?" 라고 묻자, 그 노신사는 껄껄 웃으면서, "내가 바로 이 차를 만든 포드라는 사람이요." 라고 말했다고 한다.

신자가 믿음 생활에 있어서 알아야 할 것은 믿음이란 내게서 나오는 것이 아니라는 것이다. 이는 내가 "믿습니다!" 라고 해서 생기는 것이 아니다. 우리는 믿음의 창시자가 따로 있음을 알아야 하고, 그래서 날마다 그분에게 믿음을 구하며, 그분을 바라보면서 살아가야 한다. 이렇게 할 때에 우리에게서 어떤 문제가 생겨도 우리는 주님의 도움을 입을 수가 있는 것이다.

〈잘못 겨냥했던 과녁〉

2004년 아테네 올림픽 소총사격 금메달리스트 맷 에몬스(Matthew Emmons)는 다른 경기에서 또 한 번의 승리를 눈앞에 두고 있었다. 2위에게 여유 있게 앞서가고 있었다. 마지막 한 발마저 명중시키고 싶었던 그는 잠시 숨을 멈추고 방아쇠를 당겼다. 과녁 한 가운데를 통과했다.

그러나 그는 금메달을 얻지 못했고, 그의 성적은 하위로 뚝 떨어졌다. 과녁은 맞혔지만 잘못 바라보아 옆 사람의 과녁을 겨냥했던 것이다.

오늘은 믿음의 창시자가 되신 예수님에 대해 생각해 봅시다.

Memo

1. 믿음의 주이신 분이시다.(2절)

여기서 "주"라는 말은 헬라어의 "아르케곤"이란 말인데, 그 뜻은 '앞서 인도하는 자', 또는 '지도자'란 말이며, '창설자'란 의미를 가지고 있다. 다시 말해서 예수 그리스도는 험악한 우리 인생길에서 우리가 바른 믿음의 길로 갈 수 있도록 인도하는 분이시며, 우리가 인생을 사는 동안 믿음으로 올바르게 살아갈 수 있도록 지도하는 분이실 뿐만 아니라, 우리가 가진 믿음의 창설자시고, 완성자이신 것이다. 이 예수 그리스도를 따라서 살아감이 인생의 행복이요, 축복이라는 중요한 사실을 기억해야 할 것이다.

> 내가 너희를 애굽 땅에서 이끌어 내어 사십 년 동안 광야에서 인도하고 아모리 사람의 땅을 너희가 차지하게 하였고 (암 2:10)

> 여호와는 나의 목자시니 내게 부족함이 없으리로다 그가 나를 푸른 풀밭에 누이시며 쉴 만한 물 가로 인도하시는도다 내 영혼을 소생시키시고 자기 이름을 위하여 의의 길로 인도하시는도다 (시 23:1-3)

2. 우리를 온전하게 하시는 분이시다.(2절)

'온전하게 한다'는 말은 우리를 신앙과 생활에서 온전하게 되도록 한다는 말이다. 사람들은 예수를 믿으면서도 온전한 믿음은 상실한 채로 반쪽 믿음, 절름발이 믿음을 갖고 있기 쉽다. 당신의 믿음은 어떤지 생각해 보라.

신자는 신앙에 온전하게 되어야 한다. 오직 예수 안에서 지어져가는 아름다운 신앙의 집을 짓기에 힘쓰는 자가 되어야 한다.

히 2:10, 롬 11:36을 읽고 말씀의 의미를 생각해 봅시다.

Memo

그러므로 만물이 그를 위하고 또한 그로 말미암은 이가 많은 아들들을 이끌어 영광에 들어가게 하시는 일에 그들의 구원의 창시자를 고난을 통하여 온전하게 하심이 합당하도다 (히 2:10)

이는 만물이 주에게서 나오고 주로 말미암고 주에게로 돌아감이라 그에게 영광이 세세에 있을지어다 아멘 (롬 11:36)

3. 우리가 바라보고 살아가야 할 분이시다.(2절)

오늘 말씀 "예수를 바라보자."란 말 중에서 '보다'에 해당하는 헬라어 동사는 옆눈을 팔지 않고 한 목표를 향해 주의 깊게 응시하는 것을 뜻하는 말이다. 그렇다면 이 말은 무엇을 의미하는가? 여기서의 의미는 경주자가 경주를 할 때에 한 목표만을 향하여 달려가듯이, 신자는 예수님만을 인생의 목표로 삼고 달려가야 한다는 것을 보여주는 것이다.

이 세상에는 현혹되기 쉬운 여러 가지의 유혹들이 우리 인생길의 사방에 도사리고 있다. 이런 세상에서 인생은 자칫 죄악의 길에 동참하거나 타협하기 쉬운 법이다. 이런 문제들을 해결하고 나아갈 수 있는 유일한 신앙의 비결은 오직 예수님만을 바라보고 살아가는 것이다. 우리 신앙의 선진들도 이같이 하여 신앙의 승리자가 되었다. 당신의 신앙길을 이와 같이 하라. 주님은 당신을 지켜 주신다.

시 121:1-2, 18:1-2을 읽고 그 의미를 생각해 봅시다.

Memo

> 내가 산을 향하여 눈을 들리라 나의 도움이 어디서 올까 나의 도움은 천지를 지으신 여호와에게서로다
>
> (시 121:1-2)

> 나의 힘이신 여호와여 내가 주를 사랑하나이다 여호와는 나의 반석이시요 나의 요새시요 나를 건지시는 이시요 나의 하나님이시요 내가 그 안에 피할 나의 바위시요 나의 방패시요 나의 구원의 뿔이시요 나의 산성이시로다 (시 18:1-2)

4. 십자가를 통해 승리하신 분이시다.

고전 1:18, 마 10:34-38을 읽어보고 그 의미를 생각해 봅시다.

> 십자가의 도가 멸망하는 자들에게는 미련한 것이요 구원을 받는 우리에게는 하나님의 능력이라 (고전 1:18)

> 내가 세상에 화평을 주러 온 줄로 생각하지 말라 화평이 아니요 검을 주러 왔노라 내가 온 것은 사람이 그 아버지와, 딸이 어머니와, 며느리가 시어머니와 불화하게 하려 함이니 사람의 원수가 자기 집안 식구리라 아버지나 어머니를 나보다 더 사랑하는 자는 내게 합당하지 아니하고 아들이나 딸을 나보다 더 사랑하는 자도 내게 합당하지 아니하며 또 자기 십자가를 지고 나를 따르지 않는 자도 내게 합당하지 아니하리라 (마 10:34-38)

어떤 사람들은 예수를 실패자라고 하는데, 그 이유를 십자가에 달려서 죽으셨기 때문이라고 한다. 하지만 그리스도의 십자가는 실패를 의미하지 않는다. 예수는 십자가를 통하여 승리하신 분이시고, 우리의 억만 가지 죄악으로부터 구원하셨으며, 하나님의 보좌 우편에 앉으셨다.

이 예수 그리스도의 십자가는 바로 신자의 신앙에 승리의 근원이 된다. 그러므로 신자는 생활 속에서 십자가를 지는 삶을 살아야 하며, 십자가의 능력을 의지하는 삶을 살아가는 자가 되어야 한다.

Memo

♣ 나눔의 시간 갖기

1. 오늘 말씀을 중심으로 삶에 적용해 보세요.

2. 기도

사랑의 하나님 오늘

예수님의 이름으로 기도드립니다. 아멘

Memo

3. 광고

①...

②...

③...

4. 차시예고 (다음 구역공과 은혜시간에 중보기도 요청 내용과 감사의 기도 내용을 미리 공과에 적어오세요.)

5. 주기도문

09

믿음성장과 바라봄의 법칙

믿음은 바라는 것들의 실상이요 보이지 않는 것들의 증거니 선진들이 이로써 증거를 얻었느니라 (히 11:1-2)

Memo

♣ 마음 나누기

1. 인사 (구역 식구들에게)

① 당신은 오늘 건강해 보이십니다.

② 당신과 함께하여 기쁩니다.

③ 당신은 은혜가 풍성한 사람입니다.

2. 찬송 (384장 나의 갈 길 다 가도록)

(1) 나의 갈 길 다 가도록 예수 인도하시니 내 주안에 있는 긍휼 어찌 의심하리요 믿음으로 사는 자는 하늘 위로 받겠네 무슨 일을 만나든지 만사 형통하리라 무슨 일을 만나든지 만사 형통 하리라

(2) 나의 갈 길 다 가도록 예수 인도하시니 어려운일 당한때도 족한 은혜주시네 나는 심히 고단하고 영혼 매우 갈하나 나의 앞에 반석에서 샘물 나게 하시네 나의 앞에 반석에서 샘물나게 하시네

(3) 나의 갈 길 다 가도록 예수 인도하시니 그의 사랑 어찌 큰지 말로 할 수 없도다 성령 감화 받은 영혼 하늘나라 갈때에 영영 부를 나의 찬송 예수 인도하셨네 영영 부를 나의 찬송예수 인도 하셨네 아멘

3. 기도 (인도자나 기도 순서자가 기도)

사랑의 하나님 오늘 ……………………………………………………

……………………………………………………

예수님의 이름으로 기도드립니다. 아멘

4. 중보기도 요청 나누기

① 기도 내용 말하기: ……………………………

② 감사기도 내용 말하기: ……………………………

③ 응답기도 내용 말하기: ……………………………

믿음이란 보이는 것 이루어진 것을 믿는 것이 아니다. 이런 것은 불신자도 믿는다. 참된 믿음은, 아직 이루어지지 않고 보이지도 않지만, 그것이 이룬 줄로 믿고 바라보는 것이다. 그러면 때가 되면 이루어진다. 천국, 구원도 마찬가지이다. 아직 보이지는 않지만 그곳에 간 것처럼 믿으니, 드디어 때가 되면 그것을 얻게 되는 것이다.

〈악어 뱃속의 큰 돌멩이〉

악어는 어금니가 없다. 대신 뱃속에 모래가 있어서 음식물을 쉽게 소화를 시킨다고 한다.

그런데 악어 뱃속에는 모래 외에 커다란 돌맹이들도 들어 있다고 한다. 악어가 물속에서 수영을 할 때 뒤집히지 않게 중심을 잡아 준다고 한다.

우리의 세상은 험한 바다와 같다. 우리의 인생이 세파(世波)에 뒤집히지 않으려면, 악어 뱃속의 돌멩이처럼, 우리의 중심에는 하나님의 말씀이 있어야 되지 않을까?

바라봄의 법칙이란 우리의 신앙성장에 없어서 안 될 가장 중요한 신앙 원리 중에 하나로서, 우리의 믿음에 승리와 축복을 가져다주는 법칙이며, 내가 이루어지기를 소원하는 것을 이루게 하는 하나님이 세우신 믿음의 법칙이다. 신자가 바라봄의 법칙으로 충만할 때에 믿음에 역사와 기적을 체험하게 될 것이다.

그렇다면 우리는 어떻게 할 것인가?

Memo

1. 생각을 키우라.

신자가 신앙에 승리하려면 눈을 감고, 조용히 자신을 돌아보며 생각을 많이 해야 한다. 하나님은 사람의 외모, 지식, 환경을 보시고 축복하는 것이 아니고, 그 사람의 생각과 비전(vision)을 보시고 축복하시는 분이다. 그러므로 신자는 믿음으로 충만된 생각을 많이 해야 하며, 그런 작업을 통해서 날마다 믿음의 상(像)을 만들어 가야 한다. 우리가 믿음의 상을 만들고 날마다 그것을 바라보면서 기도하면 하나님은 그대로 이루어 주신다. 신자는 기도하기 전에도 생각을 많이 해야 한다. 신자가 기도하며 생각하여 믿음의 상을 만들어서 "하나님! 이것입니다."라고 기도하면 하나님은 그대로 역사하신다. 그러므로 신자는 믿음의 생각을 많이 하는 믿음의 사상가가 되어야 한다. 사람은 그 생각에 의해 그릇이 결정되고, 축복이 결정된다.

> 대저 그 마음의 생각이 어떠하면 그 위인도 그러한즉 그가 네게 먹고 마시라 할지라도 그의 마음은 너와 함께 하지 아니함이라 (잠 23:7)

> 그러므로 누구든지 우리 온전히 이룬 자들은 이렇게 생각할지니 만일 어떤 일에 너희가 달리 생각하면 하나님이 이것도 너희에게 나타내시리라 오직 우리가 어디까지 이르렀든지 그대로 행할 것이라 (빌 3:15-16)

2. 하나님의 전능성을 바라보라.

우리가 생각을 통하여 믿음의 상을 바라보고 있다고 해도 그것이 곧바로 이루어지는 것은 아니다. 그것은 단지 가능성의 믿음일 뿐이다. 다시 말하면 아직 우리의 손에 잡힌 것이 아니란 것이요, 그것은 이루어질 수도 있지만, 그렇지 않을 수도 있는 가능성의 것인 것이다.

그러므로 이때 신자는 무능한 자신을 의지하면 안된다. 내 능력으로는 불가능함을 고백하고, 하나님의 전능성을 의지해야 한다. 우리가 하나님의 전능성을 의지하며 나아갈 때에 무슨 일이든지 못 이룰 것이 없는 것이다.

욥 42:1-2을 읽어보고, 욥의 고백을 생각해 봅시다.

> 욥이 여호와께 대답하여 이르되 주께서는 못 하실 일이 없사오며 무슨 계획이든지 못 이루실 것이 없는 줄 아오니 (욥 42:1-2)

3. 말씀을 붙들고 나아가라.

하나님을 붙드는 것은 어떻게 하는 것인가? 그것은 다름 아닌 그분의 말씀을 붙드는 것이다. 신자가 믿음의 상을 붙잡고 하나님의 전능성을 의지하며, 그분의 말씀을 붙들고 기도하며 나아갈 때 응답의 역사가 일어나게 된다. 신자가 소원을 간직했으나 축복의 응답이 없는 대부분의 이유는 간직했던 소원을 잃어버린데 기인한다. 수만 년이 흘러도 빛바래지 않는 소원을 간직하라. 뿐만 아니라 그 소원을 말씀에 근거하여 붙들고, 흔들리지 말라. 어떤 경우에도 믿음이 약해지지 않는 기도와 소원은 성취된다.

> 말씀을 마치시고 시몬에게 이르시되 깊은 데로 가서 그물을 내려 고기를 잡으라 시몬이 대답하여 이르되 선생님 우리들이 밤이 새도록 수고하였으되 잡은 것이 없지마는 말씀에 의지하여 내가 그물을 내리리이다 하고
> (눅 5:4-5)

Memo

Memo

> 또 약속하신 이는 미쁘시니 우리가 믿는 도리의 소망을 움직이지 말며 굳게 잡고 (히 10:23)

> 기록된 바 내가 너를 많은 민족의 조상으로 세웠다 하심과 같으니 그가 믿은 바 하나님은 죽은 자를 살리시며 없는 것을 있는 것으로 부르시는 이시니라 아브라함이 바랄 수 없는 중에 바라고 믿었으니 이는 네 후손이 이같으리라 하신 말씀대로 많은 민족의 조상이 되게 하려 하심이라 그가 백 세나 되어 자기 몸이 죽은 것 같고 사라의 태가 죽은 것 같음을 알고도 믿음이 약하여지지 아니하고 믿음이 없어 하나님의 약속을 의심하지 않고 믿음으로 견고하여져서 하나님께 영광을 돌리며 약속하신 그것을 또한 능히 이루실 줄을 확신하였으니 그러므로 그것이 그에게 의로 여겨졌느니라 (롬 4:17-22)

4. 믿음으로 일을 저지르라.

우리가 믿는 하나님은 명예의 신(神)이시다. 그분은 한 번 자신이 한 말씀은 무슨 일이 있어도 책임을 지시는 분이시다. 그러므로 천지는 없어져도 내 말은 일점 일획도 없어지지 않는다(마 5:18)고 하셨고, 한 번 주님의 입에서 나간 말은 헛되이 돌아오는 법이 없다(사 55:11)고 하셨다.

신자가 축복받는 사람이 되려면 하나님의 이런 약속의 말씀을 믿고 믿음으로 일을 저질러야 한다. 아무리 믿음이 있노라 하면서도 저지르지 않는다면 그것은 이룰 수 없다.

> 믿음은 바라는 것들의 실상이요 보이지 않는 것들의 증거니 선진들이 이로써 증거를 얻었느니라 (히 11:1-2)

신자가 믿음으로 저지르면 하나님은 반드시 책임지시고 역사 하시는 법이다. 당신이 바라는 소원은 결국 가능성에서 현실로 증명되어 나타날 것이다.

Memo

♣ 나눔의 시간 갖기

1. 오늘 말씀을 중심으로 삶에 적용해 보세요.

2. 기도

사랑의 하나님 오늘

예수님의 이름으로 기도드립니다. 아멘

Memo

3. 광고

①..

②..

③..

4. 차시예고 (다음 구역공과 은혜시간에 중보기도 요청 내용과 감사의 기도 내용을 미리 공과에 적어오세요.)

5. 주기도문

10

믿음성장과 위대한 고백

예수께서 빌립보 가이사랴 지방에 이르러 제자들에게 물어 이르시되 사람들이 인자를 누구라 하느냐 이르되 더러는 세례 요한, 더러는 엘리야, 어떤 이는 예레미야나 선지자 중의 하나라 하나이다 이르시되 너희는 나를 누구라 하느냐 시몬 베드로가 대답하여 이르되 주는 그리스도시요 살아 계신 하나님의 아들이시니이다 예수께서 대답하여 이르시되 바요나 시몬아 네가 복이 있도다 이를 네게 알게 한 이는 혈육이 아니요 하늘에 계신 내 아버지시니라 또 내가 네게 이르노니 너는 베드로라 내가 이 반석 위에 내 교회를 세우리니 음부의 권세가 이기지 못하리라 내가 천국 열쇠를 네게 주리니 네가 땅에서 무엇이든지 매면 하늘에서도 매일 것이요 네가 땅에서 무엇이든지 풀면 하늘에서도 풀리리라 하시고 이에 제자들에게 경고하사 자기가 그리스도인 것을 아무에게도 이르지 말라 하시니라 (마 16:13-20)

Memo

♣ 마음 나누기

1. 인사 (구역 식구들에게)

① 당신은 주님의 일꾼입니다.

② 당신은 주님의 충성된 종입니다.

③ 당신은 오늘 행복의 주인공입니다.

2. 찬송 (542장 구주 예수 의지함이)

(1) 구주 예수 의지함이 심히 기쁜 일일세
영생 허락 받았으니 의심 아주 없도다
(2) 구주 예수 의지함이 심히 기쁜 일일세
주를 믿는 나의 마음 그의 피에 적시네
(3) 구주 예수 의지하여 죄악 벗어 버리네
안위받고 영생함을 주께 모두 얻었네
(4) 구주 예수 의지하여 구원함을 얻었네
영원무궁 지나도록 주여 함께 하소서
(후렴) 예수예수 믿는것은 받은 증거 많도다
예수예수 귀한 예수 믿음 더욱 주소서 아멘

3. 기도 (인도자나 기도 순서자가 기도)

사랑의 하나님 오늘 ....

.... 예수님의 이름으로 기도드립니다. 아멘

4. 중보기도 요청 나누기

① 기도 내용 말하기: ....

② 감사기도 내용 말하기: ....

③ 응답기도 내용 말하기: ....

사람들은 예수에 대하여 제각각 말하는데, 어떤 사람들은 세계 4대 성인 중의 한 사람으로, 또 다른 사람은 혁명가로, 전혀 엉뚱한 사람들은 불제자로 고백하기도 한다. 예수님 당시에도 사람들은 예수에 대하여 세례요한, 엘리야, 예레미야, 선지자 중의 한 사람으로 고백하여 왔다. 이런 이야기를 듣고 예수는 제자들에게 물었다. "너희는 나를 누구라 하느냐?"(15절) 이때 베드로는 다른 사람들과는 전혀 다른 위대한 믿음의 고백을 하게 되고, 주님으로부터 놀라운 축복의 메시지를 듣는다.

〈너를 위하여 대신 죽으신 분이야!〉

흑인 노예들을 해방시킨 미국의 제 16대 대통령인 링컨이, 부드(Booth, John Wilkes)에게 암살당해 스프링필드에 묻히게 되었다. 많은 사람들이 길에서 링컨의 장례 행렬을 보며 눈물을 흘렸다.

그때, 한 흑인 여인이 자신의 아이를 높이 쳐들고 이렇게 외쳤다.

"얘야, 저 어른이 너를 위하여 대신 죽으신 분이야!"

이 말이야말로 예수 그리스도를 향한 우리 그리스도인들의 외침이 되어야 한다.

오늘은 베드로의 위대한 믿음의 고백에 대하여 생각해 봅시다.

1. 주는 그리스도이십니다.(16절)

그리스도란 말은 '기름 부음을 받은 자'라는 의미를 가지고 있다. 구약성경에는 왕, 제사장, 선지자에 대하여 기름을 부어서 성직으로 임직했으니, 예수 그리스도는 이 세 가지 직분을

Memo

동시에 가지신 분이심을 보여주는 것이다.

이스라엘 백성들은 메시아이신 그리스도를 항상 대망하여 왔다. 그 이유는 바로 질병, 기근, 고통, 원수의 침략에서 해방시켜 주신다는 믿음 때문이다.

베드로는 바로 그리스도에 대하여 이 믿음을 고백한 것이요, 축복의 메시지를 듣게 되었다. 당신도 이같은 위대한 믿음의 고백을 할 수 있도록 하라.

> 내가 여호와께 아뢰되 주는 나의 주님이시오니 주 밖에는 나의 복이 없다 하였나이다 (시 16:2)

2. 하나님의 아들이십니다.(16절)

예수님이 우리와 동일한 인간에 지나지 않는다면, 예수 그리스도는 우리의 구세주가 될 수 없다. 왜냐하면 인간은 누구나 죄인이기 때문이다. 그러나 예수님은 우리와는 전혀 다른 분이신데, 예수님은 인간이시면서 하나님이신 분이시다.

오늘날 사이비 이단들이 왜 문제가 되는가? 예수님의 이성일인격(二姓 一人格)을 배척하기 때문이다. 그러나 우리가 베드로처럼 주는 그리스도이시오 살아계신 하나님의 아들이시라는 사실을 고백하면 전능하신 주님의 능력을 체험하며 살아가게 될 것이다.

요 3:16, 요일 5:20을 읽고 예수님의 신성(神性)에 대하여 살펴봅시다.

> 하나님이 세상을 이처럼 사랑하사 독생자를 주셨으니 이는 그를 믿는 자마다 멸망하지 않고 영생을 얻게 하려 하심이라 (요 3:16)

또 아는 것은 하나님의 아들이 이르러 우리에게 지각을 주사 우리로 참된 자를 알게 하신 것과 또한 우리가 참된 자 곧 그의 아들 예수 그리스도 안에 있는 것이니 그는 참 하나님이시요 영생이시라 (요일 5:20)

Memo

3. 주님은 살아계십니다.(16절)

우리가 믿는 주님은 죽은 분이 아니시고, 지금도 살아계시며, 역사하는 분이시다. 공자, 석가, 소크라테스 등이 아무리 위대하다고 할지라도 저들은 죽은 자일뿐이다. 그러나 예수는 무덤의 권세를 이기시고, 영원히 살아계신 분이시다. 신자가 주님이 살아 역사하시는 분이심을 고백하며 살 때, 죽어도 다시 사는 놀라운 축복을 받게 된다.

예수께서 이르시되 나는 부활이요 생명이니 나를 믿는 자는 죽어도 살겠고 무릇 살아서 나를 믿는 자는 영원히 죽지 아니하리니 이것을 네가 믿느냐 이르되 주여 그러하외다 주는 그리스도시요 세상에 오시는 하나님의 아들이신 줄 내가 믿나이다 (요 11:25-27)

4. 베드로의 위대한 고백에 대하여 주님은 어떻게 축복하셨나?

① 반석 위에 교회를 세운다 했다.(18절)

교회는 백성 가운데 하나님이 계시기 위한 하나님의 집이요, 처소이다. 그래서 우리의 신앙 선조들은 그들의 생애 최대의 신앙 과제 중의 하나로서 하나님의 교회를 세우기 위해 기도했다.

반석은 베드로인데, 이 베드로의 신앙고백을 통해서 주님의

Memo

교회를 세우겠다고 하신다. 이 얼마나 놀라운 축복인가? 교회는 아무나 세울 수 없다. 하나님이 허락하셔야 한다. 하나님은 위대한 신앙고백을 하는 자를 통하여 교회를 세우신다.

학 1:3-15을 읽고 그 의미를 생각해 봅시다.

> 여호와의 말씀이 선지자 학개에게 임하여 이르시되 이 성전이 황폐하였거늘 너희가 이 때에 판벽한 집에 거주하는 것이 옳으냐 그러므로 이제 만군의 여호와가 이같이 말하노니 너희는 너희의 행위를 살필지니라 너희가 많이 뿌릴지라도 수확이 적으며 먹을지라도 배부르지 못하며 마실지라도 흡족하지 못하며 입어도 따뜻하지 못하며 일꾼이 삯을 받아도 그것을 구멍 뚫어진 전대에 넣음이 되느니라 만군의 여호와가 말하노니 너희는 자기의 행위를 살필지니라 너희는 산에 올라가서 나무를 가져다가 성전을 건축하라 그리하면 내가 그것으로 말미암아 기뻐하고 또 영광을 얻으리라 여호와가 말하였느니라 너희가 많은 것을 바랐으나 도리어 적었고 너희가 그것을 집으로 가져갔으나 내가 불어 버렸느니라 만군의 여호와가 말하노라 이것이 무슨 까닭이냐 내 집은 황폐하였으되 너희는 각각 자기의 집을 짓기 위하여 빨랐음이라 그러므로 너희로 말미암아 하늘은 이슬을 그쳤고 땅은 산물을 그쳤으며 내가 이 땅과 산과 곡물과 새 포도주와 기름과 땅의 모든 소산과 사람과 가축과 손으로 수고하는 모든 일에 한재를 들게 하였느니라 스알디엘의 아들 스룹바벨과 여호사닥의 아들 대제사장 여호수아와 남은 모든 백성이 그들의 하나님 여호와의 목소리와 선지자 학개의 말을 들었으니 이는 그들의 하나님 여호와께서 그를 보내셨음이라 백성이 다 여호와를 경외하매 그 때에 여호와의 사자 학개가 여호와의 위임을 받아 백성에게 말하여 이르되 여호와가 말하노니 내가 너희와 함께 하노라 하니라 여호와께서 스알디엘의 아들 유다 총독 스룹바벨의 마음과 여호사닥의 아들 대제사장 여호수아의 마음과 남은 모든 백성의 마음

을 감동시키시매 그들이 와서 만군의 여호와 그들의 하나님의 전 공사를 하였으니 그 때는 다리오 왕 제이년 여섯째 달 이십사일이었더라 (학 1:3-15)

Memo

② 음부의 권세가 이기지 못한다 했다.(18절)

음부의 권세는 원수 마귀의 권세요, 죄악된 세상 권세를 의미한다. 저들은 끊임없이 교회와 신자를 괴롭히고, 핍박하며, 어떻게 해서든지 우리의 믿음을 꺾으려고 한다. 하지만 우리가 위대한 믿음을 고백하며 살아가는 한 주님이 붙들어 주시고, 지켜주시기 때문에 절대로 우리를 이길 수 없다. 그러므로 신자는 악마의 궤계에 흔들리지 않는 믿음을 계속 견지해 나가야 한다.

그러므로 내 사랑하는 형제들아 견실하며 흔들리지 말고 항상 주의 일에 더욱 힘쓰는 자들이 되라 이는 너희 수고가 주 안에서 헛되지 않은 줄 앎이라 (고전 15:58)

③ 천국 열쇠를 받는다고 했다.(19절)

열쇠란 잠겨진 문을 열고 닫을 수 있는 것이다. 특별히 베드로는 복음의 열쇠를 가지고 이방인이 하나님의 자녀가 되는 은혜와 구원의 문을 열어놓아 하루에도 수천 명씩 구원하는 축복을 얻게 했다.

나는 너를 애굽 땅에서 인도하여 낸 여호와 네 하나님이니 네 입을 크게 열라 내가 채우리라 하였으나 (시 81:10)

Memo

성경 주석학자 메튜 헨리는 천국 열쇠는 어떤 특정인의 것이 아니라, 베드로처럼 동일하게 신앙고백하는 모든 사람에게 주어지는 주님의 축복이라 했다. 당신이 입을 열어 믿음을 고백할 때 당신 앞에 굳게 잠긴 모든 문제가 해결된다.

♣ 나눔의 시간 갖기

1. 오늘 말씀을 중심으로 삶에 적용해 보세요.

....

2. 기도

사랑의 하나님 오늘 ....

....

예수님의 이름으로 기도드립니다. 아멘

3. 광고

① ....

② ....

③ ....

4. 차시예고 (다음 구역공과 은혜시간에 중보기도 요청 내용과 감사의 기도 내용을 미리 공과에 적어오세요.)

5. 주기도문

11

불가능을 가능케 하는 믿음

예수께서 이르시되 할 수 있거든이 무슨 말이냐 믿는 자에게는 능히 하지 못할 일이 없느니라 하시니 곧 그 아이의 아버지가 소리를 질러 이르되 내가 믿나이다 나의 믿음 없는 것을 도와 주소서 하더라 (막 9:23-24)

Memo

♣ 마음 나누기

1. 인사 (구역 식구들에게)

① 당신은 주님의 사랑의 메신저입니다.

② 당신과 함께하여 행복합니다.

③ 주님의 이름으로 환영합니다.

2. 찬송 (516장 옳은 길 따르라 의의 길을)

(1) 옳은 길 따르라 의의 길을 세계 만민의 참된 길
이 길 따라서 살기를 온세계에 전하세 만 백성이 나갈길
(2) 주 예수 따르라 승리의 주 세계 만민이 나아갈
길과 진리요 참 생명 네 창검을 부수고 다 따르라 화평 왕
(3) 놀라운 이 소식 알리어라 세계 만민을 구하려
내 주예수를 보내신 참사랑의 하나님 만 백성이 따를길
(4) 고난길 헤치고 찾아온 길 많은 백성을 구한길
모두 나와서 믿으면 온 세상이 마침내 이 진리에 살겠네
(후렴) 어둔 밤 지나고 동튼다 환한 빛 보아라 저 빛
주 예수의 나라 이땅에 곧 오겠네 오겠네

3. 기도 (인도자나 기도 순서자가 기도)

사랑의 하나님 오늘 ……

……

예수님의 이름으로 기도드립니다. 아멘

4. 중보기도 요청 나누기

① 기도 내용 말하기: ……

② 감사기도 내용 말하기: ……

③ 응답기도 내용 말하기: ……

이 세상에는 크게 두 가지 법칙이 있으니, 곧 자연 법칙과 영적인 법칙이다. 영적인 법칙은 자연 법칙과는 달리 초월의 법칙으로서 자연 법칙을 초월하고, 인간의 생각, 경험, 이론을 초월하며, 시공을 초월하여 역사하는 법칙이다.

믿음은 초월의 법칙이다. 당신이 믿음을 소유하는 순간부터 당신에게 불가능을 가능케 하는 능력의 역사가 임한다는 사실을 기억하라. 당신은 놀라운 기적의 삶을 살 수 있는 것이다.

〈책상 앞에 파인 자리〉

에이타 나벌손이라는 유명한 부흥 목사님의 일화이다. 이 부흥 목사님이 설교를 하면 많은 사람들이 엄청난 감동 감화를 받았다. 어떤 목사님이 그 부흥 목사님께 그 비결을 물었다. 그 목사님은 자신의 기도방으로 목사님을 인도했다.

성경책이 놓인 책상 앞이 파여져 있었다. 두 무릎을 꿇고 기도한 흔적이었다. 기도는 우리에게 불가능도 가능케 해주는 힘이 있다.

불가능을 가능케 하는 믿음의 역사는 어떻게 일어나는지 생각해 보도록 합시다.

1. 믿음을 성장시키라.

귀신들려 고생하는 아이의 아버지는 고통하는 아이를 고치기 위해서 얼마나 엄청난 노력을 기울였을까? 하지만 이 세상의 방법은 모두가 허사였다. 그런 가운데 주님을 만나게 되었

Memo

고, 지푸라기라도 잡는 심정으로 "무엇을 하실 수 있거든 우리를 불쌍히 여기사 도와주옵소서."라고 안타깝게 부르짖었던 것이다. 그러나 주님이 '할 수 있거든' 이 아니라, '믿는 자에게는 능치 못함이 없다' 고 하시며 '믿음' 을 요구하신다. 믿음은 기적을 일으킨다. 믿음은 불가능을 가능하게 하는 능력이다. 그러므로 신자는 믿음성장을 위해서 날마다 노력해야 한다.

롬 10:17, 고후 13:5, 눅 22:32을 읽고 믿음성장을 위해서 우리가 어떻게 할 것인지 생각해 봅시다.

> 그러므로 믿음은 들음에서 나며 들음은 그리스도의 말씀으로 말미암았느니라 (롬 10:17)

> 너희는 믿음 안에 있는가 너희 자신을 시험하고 너희 자신을 확증하라 예수 그리스도께서 너희 안에 계신 줄을 너희가 스스로 알지 못하느냐 그렇지 않으면 너희는 버림 받은 자니라 (고후 13:5)

> 그러나 내가 너를 위하여 네 믿음이 떨어지지 않기를 기도하였노니 너는 돌이킨 후에 네 형제를 굳게 하라 (눅 22:32)

2. 생각을 바꾸라.

성경에 보면 사람의 생각은 허무(시 94:11)할 뿐이요, 악한 생각(마 15:19)뿐이며, 부정적인 생각뿐이라고 말한다. 그러므로 우리가 불가능을 가능케 하는 기적의 역사를 체험하려면, 인간의 부정적인 생각들을 정리하고, 내 생각을 하나님의 생각으로 충만하도록 바꾸는 작업이 중요하다. 그러므로 당신의 생각을 바꾸라. 하나님을 인간 차원에서 생각하지 말라. 하나님은 전지전능하신 분이시다. 기적이란 인간 차원과는 달리 하나님의 차원에서는 당연한 것이다. 당신의 생각을 전능하신 하나님의 차원에서 생각하는 훈련을 하라. 인간의 부정적인 생각을 쏟아 버리고, 하나님의 말씀으로 당신의 생각을 충만케 하라.

> 그러므로 누구든지 우리 온전히 이룬 자들은 이렇게 생각할지니 만일 어떤 일에 너희가 달리 생각하면 하나님이 이것도 너희에게 나타내시리라 오직 우리가 어디까지 이르렀든지 그대로 행할 것이라 (빌 3:15-16)

3. 기도의 사람이 되라.

불가능을 가능케 하는 또 다른 비결 중에 하나는 신자의 기도생활이다. 사람이 이 땅에서 승리하려면 평범한 삶으로는 한계가 있고, 남다른 노력이 있어야 하듯이, 신자가 신앙생활에 승리하며 기적을 이루는 삶을 살려면 기도에 승리자가 되어야 한다.

막 9:29을 읽고 기도와 기적의 관계를 살펴보시오.

> 이르시되 기도 외에 다른 것으로는 이런 종류가 나갈 수 없느니라 하시니라 (막 9:29)

기적은 거저 일어나지 않는다. 성경 어느 곳을 보아도 기적의 현장에는 반드시 주님 앞에 엎드려 무릎 꿇은 사람이 있었음을 기억하라. 당신이 기도의 사람, 기도의 무릎에 강한 사람이 될 때에 기적의 사건들이 가정, 직장, 사업현장, 교회와 인생 속에서 당신을 통하여 일어날 것이다. 당신도 기적의 주인공이 될 수 있다.

Memo

Memo

♣ 나눔의 시간 갖기

1. 오늘 말씀을 중심으로 삶에 적용해 보세요.

2. 기도

사랑의 하나님 오늘

예수님의 이름으로 기도드립니다. 아멘

3. 광고

①

②

③

4. 차시예고 (다음 구역공과 은혜시간에 중보기도 요청 내용과 감사의 기도 내용을 미리 공과에 적어오세요.)

5. 주기도문

12

생명력 있는 믿음

예수께서 이르시되 내가 진실로 진실로 너희에게 이르노니 인자의 살을 먹지 아니하고 인자의 피를 마시지 아니하면 너희 속에 생명이 없느니라 내 살을 먹고 내 피를 마시는 자는 영생을 가졌고 마지막 날에 내가 그를 다시 살리리니 내 살은 참된 양식이요 내 피는 참된 음료로다 내 살을 먹고 내 피를 마시는 자는 내 안에 거하고 나도 그의 안에 거하나니 살아 계신 아버지께서 나를 보내시매 내가 아버지로 말미암아 사는 것 같이 나를 먹는 그 사람도 나로 말미암아 살리라 이것은 하늘에서 내려온 떡이니 조상들이 먹고도 죽은 그것과 같지 아니하여 이 떡을 먹는 자는 영원히 살리라 이 말씀은 예수께서 가버나움 회당에서 가르치실 때에 하셨느니라

(요 6:53-59)

Memo

♣ 마음 나누기

1. 인사 (구역 식구들에게)

① 나는 오늘 축복의 주인공이 되고 싶습니다.

② 주님의 이름으로 축복합니다.

③ 주님의 이름으로 사랑합니다.

2. 찬송 (445장 태산을 넘어 험곡에 가도)

(1) 태산을 넘어 험곡에 가도 빛가운데로 걸어가면
주께서 항상 지키시기로 약속한 말씀 변치않네
(2) 캄캄한 밤에 다닐지라도 주께서 나의 길 되시고
나에게 밝은 빛이되시니 길 잃어 버릴 염려 없네
(3) 광명한 그 빛 마음에 받아 찬란한 천국 바라보고
할렐루야를 힘차게 불러 날마다 빛에 걸어가리
(후렴) 하늘의 영광 하늘의 영광 나의 맘속에 차고도 넘쳐
할렐루야를 힘차게 불러 영원히 주를 찬양하리

3. 기도 (인도자나 기도 순서자가 기도)

사랑의 하나님 오늘 ....

....

....

예수님의 이름으로 기도드립니다. 아멘

4. 중보기도 요청 나누기

① 기도 내용 말하기: ....

② 감사기도 내용 말하기: ....

③ 응답기도 내용 말하기: ....

곡식에 알곡과 쭉정이가 있듯이, 믿음에도 알곡 믿음과 쭉정이 믿음이 있고, 살아있는 믿음과 죽은 믿음이 있다. 그렇다면 알곡과 쭉정이의 차이는 무엇을 의미하는가? 그것은 '생명이 있느냐? 없느냐?' 의 차이인 것이다.

〈피 묻은 세 개의 못〉

성직자가 환상 중에 심판대 앞에 섰다. 거대한 평형 저울이 보였고, 그 한 쪽에서는 천사들이 성직자가 평생 동안 쌓은 선행을 저울에 올려놓고 있었고, 다른 쪽에선 사탄이 악행을 올려놓고 있었다.

그런데 저울은 악행 쪽으로 기울어진 채 꼼짝도 하지 않았다. 성직자는 갑자기 겁이 났다.

"오, 주여! 도와주소서!"

그때, 피 묻은 못 세 개가 선한 쪽 저울 접시에 떨어졌다. 그러자 꼼짝도 안하던 저울이 선행 쪽으로 기울어졌다. 십자가에서 예수님의 손과 발목에 박혔던 바로 그 세 개의 못이었다.

하나님은 빛이시다. 빛의 특징은 생명을 특징으로 한다. 빛은 생명의 에너지를 공급하는 것이다. 그러므로 신자여, 당신의 믿음에 주님의 생명을 충만하게 하라. 그러면 날마다 믿음이 아름답게 자라게 되며, 영적인 충만을 경험하게 될 것이다. 그렇다면 정체된 믿음에 생명력을 더하게 하려면 어떻게 할 것인가?

Memo

1. 찬송을 뜨겁게 부르라.

하나님은 찬송 중에 거하는 분이시다. 그러므로 당신의 백성들이 날마다 주님의 성호를 찬송하기를 원하시며, 그렇게 하는 자를 기뻐하신다. 신자가 찬송을 뜨겁게 부를 때 원수 마귀 흑암의 세력은 물러가고, 신자의 믿음은 날마다 성장하는 것이요, 기적과 역사를 체험하게 될 것이다. 찬송할 때 성경은 여러 가지 기사와 이적을 보여주고 있다. 여리고 성이 찬송으로 무너졌으며(수 6:1-21), 바울과 실라가 옥중에서 기도와 찬송을 할 때에 주의 천사가 도왔고(행 16:25), 이스라엘 백성들은 암몬, 모압, 세일 산 족속들이 쳐들어 와서 어떻게 할 방법이 없을 때, 찬송함으로 적들을 물리쳤다.(대하 20:22)

사 43:21을 읽고 인간을 창조하신 주님의 목적에 대해 살펴 봅시다.

> 이 백성은 내가 나를 위하여 지었나니 나를 찬송하게
> 하려 함이니라 (사 43:21)

2. 기도를 열심히 하라.

기도는 우리 신앙에 불을 지르는 활화산과 같다. 기도가 살아있는 신자는 날마다 뜨거운 신앙생활이 새롭고, 생명으로 충만하게 된다.

오늘날 복잡하고 다원화된 사회 속에서 세상 일에 바쁘다 보면 여간해서는 기도생활에 시간을 할애하기가 어려운 것이 현실이다. 그렇다고 할지라도 신자는 기도생활에 힘써야 한다. 기도는 신자의 믿음에 뜨거움과 생명력을 줄 것이다.

렘 29:12-14을 읽고 말씀의 의미를 생각해 봅시다.

너희가 내게 부르짖으며 내게 와서 기도하면 내가 너희들의 기도를 들을 것이요 너희가 온 마음으로 나를 구하면 나를 찾을 것이요 나를 만나리라 이것은 여호와의 말씀이니라 나는 너희들을 만날 것이며 너희를 포로된 중에서 다시 돌아오게 하되 내가 쫓아 보내었던 나라들과 모든 곳에서 모아 사로잡혀 떠났던 그 곳으로 돌아오게 하리라 이것은 여호와의 말씀이니라

(렘 29:12-14)

Memo

3. 주를 위해서 헌신할 기회를 만들라.

세상 일도 무엇인가를 부지런히 일하는 사람은 항상 건강하다. 신자가 주님을 위해서 무엇인가 열심히 일하다보면 힘은 들어도 내 영혼에 생기가 돌고, 내 믿음에 강건함이 오며, 담대하고 큰 믿음이 생긴다.

어떤 사람은 주님 위해 일할 생각은 않고, 능력만 달라고 간구만 한다. 그러나 주님은 어떤 사람에게 힘과 능력을 주시는가? 주님은 믿음을 가지고 무엇인가 열심히 일하는 자와 함께 하시고 축복하신다. 주님은 주를 위해 일을 시작할 때 함께 하시는 것이다.

행 11:20-21을 읽고 그 의미를 생각해 봅시다.

그 중에 구브로와 구레네 몇 사람이 안디옥에 이르러 헬라인에게도 말하여 주 예수를 전파하니 주의 손이 그들과 함께 하시매 수많은 사람들이 믿고 주께 돌아오더라 (행 11:20-21)

4. 예수의 피의 권세를 소유하라.

예수님은 우리 죄인들의 억만 가지 모든 죄를 사하시기 위

하여서 십자가의 모진 고난을 극복하셨고, 부활의 능력으로 살아나시사 우리를 원수 마귀와 죄의 권세로부터 해방시키시고, 구원해주셨다. 그러므로 예수의 피의 권세는 성도의 신앙에 있어서 승리의 원동력이 된다.

요 6:56, 사 53:5-6을 읽어보고 피 흘림의 권세를 생각해 봅시다.

> 내 살을 먹고 내 피를 마시는 자는 내 안에 거하고 나도 그의 안에 거하나니 (요 6:56)

> 그가 찔림은 우리의 허물 때문이요 그가 상함은 우리의 죄악 때문이라 그가 징계를 받으므로 우리는 평화를 누리고 그가 채찍에 맞으므로 우리는 나음을 받았도다 우리는 다 양 같아서 그릇 행하여 각기 제 길로 갔거늘 여호와께서는 우리 모두의 죄악을 그에게 담당시키셨도다 (사 53:5-6)

예수님은 생명의 떡이신 분이시다. 그러므로 신자가 예수의 피와 살을 먹고 마실 때 영원한 생명과 능력을 소유하게 되는 것이다. 오늘날 우리들은 이것을 성만찬을 통해서 계속적으로 계승해 가고 있다.

♣ 나눔의 시간 갖기

Memo

1. 오늘 말씀을 중심으로 삶에 적용해 보세요.

2. 기도

사랑의 하나님 오늘

예수님의 이름으로 기도드립니다. 아멘

3. 광고

①

②

③

4. 차시예고 (다음 구역공과 은혜시간에 중보기도 요청 내용과 감사의 기도 내용을 미리 공과에 적어오세요.)

5. 주기도문

13

참된 믿음

믿음은 바라는 것들의 실상이요 보이지 않는 것들의 증거니 선진들이 이로써 증거를 얻었느니라 믿음으로 모든 세계가 하나님의 말씀으로 지어진 줄을 우리가 아나니 보이는 것은 나타난 것으로 말미암아 된 것이 아니니라 (히 11:1-3)

Memo

♣ 마음 나누기

1. 인사 (구역 식구들에게)

① 당신은 축복의 통로입니다.

② 당신은 주님의 멋진 동력자입니다.

③ 당신은 복 받을 사람입니다.

2. 찬송 (279장 인애하신 구세주여)

(1) 인애하신 구세주여 내가 비오니 죄인 오라 하실때에 날 부르소서
(2) 자비하신 보좌 앞에 꿇어 엎드려 자복하고 회개하니 믿음 주소서
(3) 주의 공로 의지하여 주께가오니 상한 맘을 고치시고 구원하소서
(4) 만복근원 우리 주여 위로하소서 우리 주와 같으신 이 어디있을까
(후렴) 주여 주여 내가 비오니 죄인 오라하실 때에 날 부르소서 아멘

3. 기도 (인도자나 기도 순서자가 기도)

사랑의 하나님 오늘 ....

....

....

....

....

예수님의 이름으로 기도드립니다. 아멘

4. 중보기도 요청 나누기

① 기도 내용 말하기: ....

② 감사기도 내용 말하기: ....

③ 응답기도 내용 말하기: ....

Memo

〈조건이 무엇입니까?〉

스웨덴의 외교관 워랜버그(R. Wallenberg)는 2차 대전 당시 유태인에게는 그야말로 구세주였다.

나치 독일이 유태인들을 대량학살 할 때에, 유태인들에게 스웨덴 입국비자를 발급해 주었던 것이다. 유태인들을 만나기 위해 자신이 직접 온 유럽을 다니면서…….

많은 유태인들이 그에게 물었다.

"비자를 발급 받을 수 있는 조건이 무엇입니까? 무엇을 준비해야 합니까?"

그러나 그는 단호히 말했다.

"아무 조건도 없습니다. 비자에 서명을 하고 받기만 하면 됩니다."

하나님께서도 아무런 조건 없이 우리를 구원해 주시려고 독생자 예수 그리스도를 세상에 보내셨다. 믿기만 하면 하나님 나라의 입국 비자를 얻을 수 있다.

히브리서는 크게 두 부분으로 나뉜다. 전반부는 히브리서 1장 1절부터 10장 18절까지로 대제사장 되신 예수 그리스도가 얼마나 위대하시고 뛰어나신 분(선지자보다도, 천사들보다도, 모세나 여호수아보다도)인가를 보여 주고 있으며, 후반부는 히브리서 10장 19절부터 마지막 부분까지 예수 그리스도의 뛰어나신 능력이 어떤 것인가를 보여주고 있다. 히브리서 11장에서는 우리가 믿음으로 산다는 것이 무엇인가를 보여주기 위해서 아벨, 아브라함, 모세 등의 수많은 믿음으로 산 사람들의 모습을 소개하면서, 참된 믿음이 무엇인가를 밝히려는데 그 목적이

Memo

있다. 그러므로 이것을 통해서 우리는 참된 믿음이 무엇인가를 배울 수 있게 되는 것이다.

1. 믿음은 바라는 것들의 실상이다.(1절a)

"믿음은 바라는 것들의 실상이요…" 에서 『실상』이란 말은 성경 원문인 헬라어에서 '휘포스타시스' (huipostasis)란 말인데, 이는 '아래로부터 받쳐준다' 는 의미를 가지고 있다. 그렇다면 이는 무엇을 의미하는가? 곧, 믿음이란 집을 지을 때에 집을 받쳐주는 기초석과 같다는 말이다. 당신이 바라는 것은 무엇인가? 믿음이란 당신이 바라는 것, 희망하는 것, 기도하는 것 등을 이룰 수 있도록 밑받침해 주는 기초석이 된다는 말이요, 이는 다시 말하면 믿음이 없다면 아무 것도 이룰 수 없다는 것을 보여주는 것이기도 하다.

약 1:5-9을 읽고 말씀의 의미를 생각해 봅시다.

> 너희 중에 누구든지 지혜가 부족하거든 모든 사람에게 후히 주시고 꾸짖지 아니하시는 하나님께 구하라 그리하면 주시리라 오직 믿음으로 구하고 조금도 의심하지 말라 의심하는 자는 마치 바람에 밀려 요동하는 바다 물결 같으니 이런 사람은 무엇이든지 주께 얻기를 생각하지 말라 두 마음을 품어 모든 일에 정함이 없는 자로다 (약 1:5-9)

2. 믿음은 보이지 않는 것들의 증거이다.(1절b)

"…믿음은 보이지 않는 것들의 증거니" 란 말에서 『증거』란 말은 헬라어의 '엘렉코스' (elechos)란 말로서 '확신' 이란 말을 가지고 있으며, 또다른 말로는 '말튜레오' (martureo)란 말이 있는데 이는 '보고서' (Good Report)란 의미가 있다. 사람들은 육안으로 보이는 것에 대해서만 믿으려고 한다. 그래서 자꾸만 하나님에 대해서까지도 보이라고 하면서 보여야만 믿겠다고 한다. 그러나 신자는 육안을 통해서 보려고 하는 자가 아니다. 영적인 눈을 가지고 육안으로 보지 못하는 것에 대한 내적인 확신을 소유하는 자이다. 신앙은 미리 보여달라고 하는 것이 아니다. 비록 보이지는 않더라도 일단 믿고 나가면, 그 믿음에 따라서 믿음에 대한 증거가 눈앞에 나타난다. 이것이 우리 신앙 선진들이 보여준 참된 믿음의 모습이요, 좋은 신앙의 보고서이기도 하다.

> 아브라함이 바랄 수 없는 중에 바라고 믿었으니 이는 네 후손이 이같으리라 하신 말씀대로 많은 민족의 조상이 되게 하려 하심이라 그가 백 세나 되어 자기 몸이 죽은 것 같고 사라의 태가 죽은 것 같음을 알고도 믿음이 약하여지지 아니하고 믿음이 없어 하나님의 약속을 의심하지 않고 믿음으로 견고하여져서 하나님께 영광을 돌리며 약속하신 그것을 또한 능히 이루실 줄을 확신하였으니 그러므로 그것이 그에게 의로 여겨졌느니라
>
> (롬 4:18-22)

3. 믿음은 말씀에 기초한다.(3절)

헬라어에는 말씀을 크게 두 가지로 구분하고 있는데, 첫째는 로고스(logos)란 말이요, 둘째는 레마(rhema)란 말이다. 전자는 기록된 말씀이고, 후자는 계시된 말씀, 선포된 말씀, 살아서 움직이는 말씀을 뜻한다. 하나님은 이 아름다운 우주 만물을 이 레마의 말씀으로 창조하셨다. 믿음은 바로 이 창조의 말씀, 레마의 말씀을 붙들고 살아가는 것을 의미한다.

Memo

Memo

① 창 6:13, 22을 읽고 노아가 홍수 심판에서 구원받을 수 있었던 원인을 생각해 봅시다.

> 하나님이 노아에게 이르시되 모든 혈육 있는 자의 포악함이 땅에 가득하므로 그 끝 날이 내 앞에 이르렀으니 내가 그들을 땅과 함께 멸하리라…노아가 그와 같이 하여 하나님이 자기에게 명하신 대로 다 준행하였더라
> (창 6:13, 22)

② 여호수아가 여리고성을 함락하기 전에 취한 행동은 무엇입니까?

> 여호수아가 여리고에 가까이 이르렀을 때에 눈을 들어 본즉 한 사람이 칼을 빼어 손에 들고 마주 서 있는지라 여호수아가 나아가서 그에게 묻되 너는 우리를 위하느냐 우리의 적들을 위하느냐 하니 그가 이르되 아니라 나는 여호와의 군대 대장으로 지금 왔느니라 하는지라 여호수아가 얼굴을 땅에 대고 엎드려 절하고 그에게 이르되 내 주여 종에게 무슨 말씀을 하려 하시나이까 여호와의 군대 대장이 여호수아에게 이르되 네 발에서 신을 벗으라 네가 선 곳은 거룩하니라 하니 여호수아가 그대로 행하니라 (수 5:13-15)

당신에게 어떤 문제가 부닥쳐 오는가? 그렇다면 오늘도 동일하다. 지금도 살아서 역사하시는 레마인 하나님의 말씀을 들어야 한다. 하나님의 음성을 듣기 위해서는 설교를 듣고, 기도하며, 성경을 읽고, 말씀을 묵상하는 것이 중요하다. 그리고 말씀을 들었으면 믿고, 확신한 후에 행동으로 옮겨야 한다. 이런 사람은 믿음의 증거를 얻게 되고, 기적을 체험하게 된다.

♣ 나눔의 시간 갖기

Memo

1. 오늘 말씀을 중심으로 삶에 적용해 보세요.

2. 기도

사랑의 하나님 오늘

예수님의 이름으로 기도드립니다. 아멘

3. 광고

①

②

③

4. 차시예고 (다음 구역공과 은혜시간에 중보기도 요청 내용과 감사의 기도 내용을 미리 공과에 적어오세요.)

5. 주기도문

14

백부장의 믿음

예수께서 가버나움에 들어가시니 한 백부장이 나아와 간구하여 이르되 주여 내 하인이 중풍병으로 집에 누워 몹시 괴로워하나이다 이르시되 내가 가서 고쳐 주리라 백부장이 대답하여 이르되 주여 내 집에 들어오심을 나는 감당하지 못하겠사오니 다만 말씀으로만 하옵소서 그러면 내 하인이 낫겠사옵나이다 나도 남의 수하에 있는 사람이요 내 아래에도 군사가 있으니 이더러 가라 하면 가고 저더러 오라 하면 오고 내 종더러 이것을 하라 하면 하나이다 예수께서 들으시고 놀랍게 여겨 따르는 자들에게 이르시되 내가 진실로 너희에게 이르노니 이스라엘 중 아무에게서도 이만한 믿음을 보지 못하였노라 또 너희에게 이로노니 동 서로부터 많은 사람이 이르러 아브라함과 이삭과 야곱과 함께 천국에 앉으려니와 그 나라의 본 자손들은 바깥 어두운 데 쫓겨나 거기서 울며 이를 갈게 되리라 예수께서 백부장에게 이르시되 가라 네 믿은 대로 될지어다 하시니 그 즉시 하인이 나으니라 (마 8:5-13)

Memo

♣ 마음 나누기

1. 인사 (구역 식구들에게)

① 당신은 사랑받기 위해 태어난 사람입니다.

② 당신은 주님의 멋진 형제(자매)입니다.

③ 당신은 오늘 건강해 보이십니다.

2. 찬송 (315장 내 주 되신 주를 참 사랑하고)

(1) 내 주 되신 주를 참 사랑하고 곧 그에게 죄를 다 고합니다
큰 은혜를 주신 내 예수시니 이 전보다 더욱 사랑합니다

(2) 주 날 사랑하사 구하시려고 저 십자가 고난 당하셨도다
그 가시관 쓰신 내 주 뵈오니 이 전보다 더욱 사랑합니다

(3) 내 평생에 힘 쓸 그 큰 의무는 주 예수의 덕을 늘 기림이라
숨질 때에 까지 내 할 말씀은 이 전보다 더욱 사랑합니다

(4) 그 영광의 나라 나 들어가서 그 풍성한 은혜 늘 감사하리
금 면류관 쓰고 나 찬송할 말 이 전보다 더욱 사랑합니다

3. 기도 (인도자나 기도 순서자가 기도)

사랑의 하나님 오늘 ....

....

....

예수님의 이름으로 기도드립니다. 아멘

4. 중보기도 요청 나누기

① 기도 내용 말하기: ....

② 감사기도 내용 말하기: ....

③ 응답기도 내용 말하기: ....

• • 할렐루야! 전도합시다! • •

사람이 이 세상을 승리하며 살아가려면 남과 똑같이 평범하면 안된다. 뭔가 남다른 평균율을 깨뜨리고 뛰어넘는 무엇이 있어야 한다. 마찬가지로 우리가 믿음에 앞장서고 하나님 앞에 축복 받는 믿음의 사람이 되기 위해서는 남다른 믿음의 사람이 되어야 하는 것이다.

오늘 본문의 사람 백부장은 뭔가 남다른 믿음의 소유자였다. 자기의 하인이 병들었을 때에 예수님께 고쳐달라고 간청한다거나, 예수님이 직접 가서 고쳐주겠다고 하였을 때에는 "다만 말씀으로만 하옵소서 그러면 내 하인이 낫겠삽나이다."라고 했으며, 그 믿음이 인정받아 하인의 병을 고쳤다.

〈하나님께 인정을, 사람에겐 신뢰를!〉

'서부 카센터'라는 곳의 사장님 이야기이다. 그분과 그곳의 직원들은 모두가 신실한 믿음의 소유주였던 것 같다. 언제나 웃음 띤 얼굴과 성실함 그리고 정직함을 소유한 분이었다. 그분의 2000년도 사업 운영 목표가 "하나님께는 인정받는 업체, 사람들에게는 신뢰받는 업체"였다. 그리고 그분은 그대로 실천하고 있었다.

오늘날 기복적 신앙이 만연한 때에 백부장의 이런 믿음의 모습은 우리가 본 받아야 할 아름다운 신앙 모습이다. 그렇다면 백부장의 신앙 모습에 대해서 살펴보도록 합시다.

1. 말씀대로만 믿는 믿음이다.(8절)

기독교 신앙은 신념과는 다르다. 신념은 자기 확신이지만,

Memo

Memo

신앙은 하나님을 확신하는 것이요, 주님의 말씀에 대한 확신이다. 백부장은 주님의 말씀에 대하여서는 한 번만 말씀을 하셔도 그것에는 능력이 있어서 치료하는 역사가 일어날 것을 믿음으로 확신했으며, 말씀은 시공을 초월하여 살아서 역사하는 능력이 있음을 믿었던 것이다. 이것은 오늘날 신앙이 점점 지성화되어 가는 현대의 사람들에게 신앙적인 모범이 된다.

① 살전 2:13을 읽고, 데살로니가 교인들의 말씀에 대한 특징적인 자세를 이야기해 보고, 당신의 경우와 비교해 봅시다.

> 이러므로 우리가 하나님께 끊임없이 감사함은 너희가 우리에게 들은 바 하나님의 말씀을 받을 때에 사람의 말로 받지 아니하고 하나님의 말씀으로 받음이니 진실로 그러하도다 이 말씀이 또한 너희 믿는 자 가운데에서 역사하느니라 (살전 2:13)

② 우리에게 문제가 있어 부르짖어 기도하면 하나님께서는 어떻게 문제를 해결하여 주시는지 살펴봅시다.

> 이에 그들이 그들의 고통 때문에 여호와께 부르짖으매 그가 그들의 고통에서 그들을 구원하시되 그가 그의 말씀을 보내어 그들을 고치시고 위험한 지경에서 건지시는도다 (시 107:19-20)

2. 앞장서가는 믿음이다.(10절)

백부장의 믿음은 다른 사람들에게서 보기 힘든 아름다운 믿음이다. 주님은 이런 백부장의 믿음을 보시고, "이스라엘 중에 아무에게서도 이만한 믿음을 만나보지 못하였노라."는 칭찬을 하신다.

사람이 세상에서 성공하려면 남보다 앞장서서 달려가야 하듯이, 신자가 믿음에 승리하려면 남보다 앞장서서 달려가는 믿음을 간직해야 한다. 지금은 비록 힘들고 어렵다고 할지라도, 미래에 역사 하실 주님의 모습과 주님의 손에 붙들려서 쓰임받는 자신의 모습을 바라보면서 앞장서서 달려가는 믿음을 가지도록 힘써야 한다.

빌 3:12-14을 읽고 바울의 신앙 모습을 살펴봅시다.

> 내가 이미 얻었다 함도 아니요 온전히 이루었다 함도 아니라 오직 내가 그리스도 예수께 잡힌 바 된 그것을 잡으려고 달려가노라 형제들아 나는 아직 내가 잡은 줄로 여기지 아니하고 오직 한 일 즉 뒤에 있는 것은 잊어버리고 앞에 있는 것을 잡으려고 푯대를 향하여 그리스도 예수 안에서 하나님이 위에서 부르신 부름의 상을 위하여 달려가노라 (빌 3:12-14)

3. 인정받는 믿음이다.(13절)

백부장은 하인의 생명을 주님의 손에 맡겼다. 이런 태도는 '까짓것! 하인인데 죽으면 어때!' 하는 마음이 아니다. 이것은 주님의 전능성을 믿는 믿음인 것이다. "주님이시여 오시지 않아도 됩니다. 다만 말씀으로만 낫겠다고 해주십시오." 이런 백부장의 신앙고백은 주님께 인정받는 계기가 되었고, "가라 네 믿은대로 될지어다."라는 주님의 응답을 받게 된 것이다.

주님은 어떤 사람을 인정하시는가? 백부장과 같이 주님의 권세를 믿고 자기의 생명까지라도 내어 맡길 수 있는 믿음의 소유자다. 주님이 살아계시고, 전지전능하신 것을 참으로 믿는다면 주님 앞에서 신앙의 결단을 주저할 이유가 없다.

Memo

Memo

♣ 나눔의 시간 갖기

1. 오늘 말씀을 중심으로 삶에 적용해 보세요.

2. 기도

사랑의 하나님 오늘

예수님의 이름으로 기도드립니다. 아멘

3. 광고

①

②

③

4. 차시예고 (다음 구역공과 은혜시간에 중보기도 요청 내용과 감사의 기도 내용을 미리 공과에 적어오세요.)

5. 주기도문

15

신앙생활과 주일 성수

안식일을 기억하여 거룩하게 지키라 엿새 동안은 힘써 네 모든 일을 행할 것이나 일곱째 날은 네 하나님 여호와의 안식일인즉 너나 네 아들이나 네 딸이나 네 남종이나 네 여종이나 네 가축이나 네 문안에 머무는 객이라도 아무 일도 하지 말라 이는 엿새 동안에 나 여호와가 하늘과 땅과 바다와 그 가운데 모든 것을 만들고 일곱째 날에 쉬었음이라 그러므로 나 여호와가 안식일을 복되게 하여 그 날을 거룩하게 하였느니라 (출 20:8-11)

Memo

♣ 마음 나누기

1. 인사 (구역 식구들에게)

① 당신과 함께하여 기쁩니다.

② 당신은 은혜가 풍성한 사람입니다.

③ 당신은 주님의 일꾼입니다.

2. 찬송 (421장 내가 예수 믿고서)

(1) 내가 예수 믿고서 죄사함받아 나의 모든것 다 변했네
지금 내가 가는길 천국 길이요 주의 피로 내 죄가 씻겼네
(2) 주님 밝은 빛되사 어둠헤치니 나의 모든것 다 변했네
지금 내가 주 앞에 온전케 됨은 주의 공로를 의지 함일세
(3) 내게 성령 임하고 그 크신사랑 나의 맘에 가득 채우며
모든 공포 내게서 물리치시니 내 맘 항상 주안에 있겠네
(후렴) 나의 모든것 변하고 그 피로 구속 받았네
하나님은 나의 구원 되시오니 내게 정죄함 없겠네

3. 기도 (인도자나 기도 순서자가 기도)

사랑의 하나님 오늘 ……………………………………

……………………………………

……………………………………

예수님의 이름으로 기도드립니다. 아멘

4. 중보기도 요청 나누기

① 기도 내용 말하기: ……………………

② 감사기도 내용 말하기: ……………………

③ 응답기도 내용 말하기: ……………………

Memo

하나님께서는 모든 만물과 시간과 사람들을 창조하시고 이에 대한 주인이 되셨고, 하나님만을 섬기도록 하셨다. 그리고 이 창조물에 대해서 사람들에게 맡아서 관리하도록 하셨으며, 이것을 통해 하나님께서 영광을 받으시길 기뻐하신다. 특별히 하나님은 우리에게 시간과 날짜를 허락하시고 하나님을 섬기도록 하셨으며, 그 중에서 일주일에 첫날이 되는 주일을 거룩하게 하나님께 드리도록 하셨다. 주일은 주님의 날이라는 말의 약칭으로써 우리의 주인이 되시는 하나님의 날이라는 말이다. 물론 모든 날이 하나님의 날이지만 하나님은 주일을 특별히 구별하셨다. 그러므로 주일을 거룩히 지키는 것은 피조물인 우리들의 당연한 본분이다.

〈유대인의 안식일〉

유대인에게 안식일은 목숨과도 같다. 기원전 2세기 마카비 독립전쟁 때의 일이었다. 시리아 군대는, 유대인들은 안식일에는 전쟁도 하지 않는다는 것을 알고 안식일에 공격하여 하루 동안에 1,000명 이상을 살육하였다.

그 후로, 안식일에도 방어는 하기로 했다. 그러나 지금까지도 안식일에는 절대로 공격을 하지는 않는다.

우리의 주일 성수 자세는 어떠한가?

이 시간에는 주일을 어떻게 지켜야 하는지 공부해 보자.

1. 기억하여 지키자.

사람들의 생각 속에서는 가장 귀중한 추억이나 사건들, 좋

Memo

은 일과 사랑하는 사람들, 그리고 아름다운 약속은 기억해 두고 싶어 하거나 혹은 지키려고 하는 습성이 있다. 믿음생활에 있어서도 마찬가지이다. 이와 같은 자세로 주님의 날을 기다리며 기억하고 지키는 신앙은 하나님에 대한 아름다운 마음이며 우리가 하나님을 사랑하는 신앙의 표현이다. 우리가 매일 생활 속에서 주님의 날을 기억하려면 어떻게 해야 하는가?

> 내가 주의 법을 어찌 그리 사랑하는지요 내가 그것을 종일 작은 소리로 읊조리나이다 (시 119:97)

2. 엿새 동안 힘써 일을 하자.

성도가 주일을 잘 지키는데는 주일날만 하루 종일 교회에서 지내면서 충성을 한다 할지라도 만일 엿새 동안 게으르게 지낸다면 그것은 주일을 거룩하게 지킨다고 말할 수 없다. 엿새 동안에 자신이 처해 있는 곳에서 최선을 다해 일을 하는 것이 주일을 거룩히 지키기 위한 생활이다. 엿새 동안 힘써 일을 할 때 어떤 일이 일어나겠는가?

> 여호와께서 너를 위하여 하늘의 아름다운 보고를 여시사 네 땅에 때를 따라 비를 내리시고 네 손으로 하는 모든 일에 복을 주시리니 네가 많은 민족에게 꾸어줄지라도 너는 꾸지 아니할 것이요 (신 28:12)

3. 육신의 일을 멈추자.

본문 10절에 "아무 일도 하지 말라."는 말씀에서 아무 일도 하지 말라는 것은 하나님의 신령한 일까지 하지 말라는 의미가 아니라, 세상의 오락이나 육신적인 일들을 하지 말라는 것이다. 이 날은 육신의 일을 멈추고 거룩하게 쉬며, 예배와 말씀 연구, 봉사와 심방 등 신령한 일을 해야 한다. 육신의 일을 멈추기 위해 우리의 신앙 자세는 어떻게 해야 하겠는가?

> 너는 범사에 그를 인정하라 그리하면 네 길을 지도하시리라 (잠 3:6)

4. 하나님께 온전히 예배를 드리자.

한 주간 세상에서 산 우리는 상처받고 범죄한 영혼을 주님 앞에 내어 놓고 자복하며, 회개하고, 위로받고 은혜를 받기 위해, 그리고 새로운 영적인 힘을 얻기 위해서 몸과 마음과 정성을 드려서 신령하게 예배를 드려야 한다. 하나님은 예배를 통하여 영광을 받으시며 성도들에게 신령한 복, 육신의 복을 허락하신다. 하나님께 온전히 예배하는 자에게 주어지는 축복은 무엇이겠는가?

> 시온의 자녀들아 너희는 너희 하나님 여호와로 말미암아 기뻐하며 즐거워할지어다 그가 너희를 위하여 비를 내리시되 이른 비를 너희에게 적당하게 주시리니 이른 비와 늦은 비가 예전과 같을 것이라 (욜 2:23)

5. 축복된 날이라는 것을 알자.

주일을 거룩하게 지키는 성도는 곤경에 처하지 않으며 실망이 지배하지 못한다. 주님의 날에 하나님께서 온 성도들에게 하늘의 신령한 복으로 위로해 주시고 평강의 복으로 인도해 주신다. 주님의 날에 주님이 내려 주시는 축복을 받기 위해 어떻게 해야 할 것인가?

Memo

Memo

그러므로 우리는 예수로 말미암아 항상 찬송의 제사를 하나님께 드리자 이는 그 이름을 증언하는 입술의 열매니라 (히 13:15)

여호와께 그의 이름에 합당한 영광을 돌리며 거룩한 옷을 입고 여호와께 예배할지어다 (시 29:2)

♣ 나눔의 시간 갖기

1. 오늘 말씀을 중심으로 삶에 적용해 보세요.

2. 기도

사랑의 하나님 오늘

예수님의 이름으로 기도드립니다. 아멘

Memo

3. 광고

①...

②...

③...

4. 차시예고 (다음 구역공과 은혜시간에 중보기도 요청 내용과 감사의 기도 내용을 미리 공과에 적어오세요.)

5. 주기도문

16

신앙생활과 기도생활

히스기야가 낯을 벽으로 향하고 여호와께 기도하여 이르되 여호와여 구하오니 내가 진실과 전심으로 주 앞에 행하며 주께서 보시기에 선하게 행한 것을 기억하옵소서 하고 히스기야가 심히 통곡하더라 이사야가 성읍 가운데까지도 이르기 전에 여호와의 말씀이 그에게 임하여 이르시되 너는 돌아가서 내 백성의 주권자 히스기야에게 이르기를 왕의 조상 다윗의 하나님 여호와의 말씀이 내가 네 기도를 들었고 네 눈물을 보았노라 내가 너를 낫게 하리니 네가 삼 일 만에 여호와의 성전에 올라가겠고 내가 네 날에 십오 년을 더할 것이며 내가 너와 이 성을 앗수르 왕의 손에서 구원하고 내가 나를 위하고 또 내 종 다윗을 위하므로 이 성을 보호하리라 하셨다 하라 하셨더라 (왕하 20:2-6)

Memo

♣ 마음 나누기

1. 인사 (구역 식구들에게)

① 당신은 주님의 충성된 종입니다.

② 당신은 오늘 행복의 주인공입니다.

③ 당신은 주님의 사랑의 메신저입니다.

2. 찬송 (365장 마음속에 근심 있는 사람)

(1) 마음속에 근심 있는 사람 주 예수 앞에 다 아뢰어라
슬픈마음 있을때에라도 주 예수께 아뢰라

(2) 눈물나며 깊은 한숨 쉴 때 주 예수앞에 다 아뢰어라
은밀한 죄 네게 있더라도 주 예수께 아뢰라

(3) 괴로움과 두려움 있을 때 주 예수앞에 다 아뢰어라
내일 일을 염려하지 말고 주 예수께 아뢰라

(4) 죽음 앞에 겁을 내는 자여 주 예수앞에 다 아뢰어라
하늘나라 바라보는 자여 주 예수께 아뢰라

(후렴) 주 예수 앞에 다 아뢰어라 주 우리의 친구니
무엇이나 근심하지 말고 주 예수께 아뢰라

3. 기도 (인도자나 기도 순서자가 기도)

사랑의 하나님 오늘 ....

....

예수님의 이름으로 기도드립니다. 아멘

4. 중보기도 요청 나누기

① 기도 내용 말하기: ....

② 감사기도 내용 말하기: ....

③ 응답기도 내용 말하기: ....

Memo

〈In God we trust〉

한 의사의 환자가 어린 소녀임에도 불구하고, 마취 없이 수술을 해야만 했다. 그는 소녀에게 50센트짜리 동전을 하나주면서, "동전을 꼭 쥐고 잘 살펴보아라. 동전에 뭐가 들어있는지 수술이 끝난 후에 내게 말해 주겠니? 그렇게 하면 훨씬 덜 아플거야."라고 했다.

수술을 끝낸 의사가 소녀에게 동전에 뭐가 있었느냐고 묻자 소녀가 대답했다.

"In God we trust(하나님을 신뢰한다)였어요."라고 했다.

기도라는 것은 예수 그리스도의 이름으로 성령님의 도우심을 받아 하나님 아버지께 자기 소원을 말씀드리는 것이다. 그러므로 기도는 영적인 호흡이며 성도들의 피난처가 되는 것이다. 우리가 기도를 할 때, 자신의 소원을 간절히 아뢰는 간구, 타인을 위해 기도해 주는 중보기도, 매일 생활을 감사하는 감사의 기도가 있다. 기도하는 순서는 하나님 아버지를 부르고, 감사와 찬양(영광)을 돌리며, 죄를 자복하고, 우리의 구할 것을 구한 다음, 예수 그리스도의 이름으로 마친다. 이 시간에는 기도를 드릴 때 얻어지는 유익을 알아보고 우리의 신앙으로 삼아보자.

1. 하나님을 기쁘시게 한다.

기도는 영적인 대화와 같다. 인간관계에 있어서도 상호간에

Memo

대화를 통하여 상대방의 마음을 기쁘게 하며 서로 뜻을 맞춰 나가는 것이 보통이다. 이와 같이 기도는 하나님의 뜻을 알고 하나님을 기쁘시게 하는 방법을 배우며 그것을 통하여 하나님을 기쁘시게 할 수 있다. 하나님을 기쁘시게 하는 자의 유익은 무엇인가?

> 그러므로 내가 너희에게 말하노니 무엇이든지 기도하고 구하는 것은 받은 줄로 믿으라 그리하면 너희에게 그대로 되리라 (막 11:24)

2. 성령 충만을 받는다.

성도가 지속적으로 신앙생활을 유지하기 위해서는 성령님께서 성도안에 충만케 해야 한다. 그런데 성령 충만을 받는 때는 어떤 기회를 통하여 이루어지는가? 통상적으로 성령의 충만은 뜨거운 찬송과 뜨겁게 부르짖는 기도를 통하여 이루어진다. 우리의 기도를 통하여 하나님의 성령은 역사하고, 우리에게 큰 은혜를 준다.

> 오순절 날이 이미 이르매 그들이 다같이 한 곳에 모였더니 홀연히 하늘로부터 급하고 강한 바람 같은 소리가 있어 그들이 앉은 온 집에 가득하며 마치 불의 혀처럼 갈라지는 것들이 그들에게 보여 각 사람 위에 하나씩 임하여 있더니 그들이 다 성령의 충만함을 받고 성령이 말하게 하심을 따라 다른 언어들로 말하기를 시작하니라 (행 2:1-4)

3. 문제 해결함을 받는다.

거의 모든 사람들이 기도를 하는 경우를 보면 문제점이 있을 때 해결 받기 위해서 기도를 드린다. 그것은 분명히 하나님께서 해결해 주시리라는 확신 가운데 얻어진 신앙의 비결이다. 참으로 기도를 드릴 때는 우리 가운데 이루어진 숱한 문제점을 해결 받을 수 있다. 이 시간에도 문제가 있는 자는 확신을 가지고 하나님께 기도해 보자. 분명히 응답해 주실 것이다. 그러면 문제 해결을 받는 기도를 하기 위해 어떻게 해야 하겠는가?

> 쉬지 말고 기도하라 (살전 5:17)

> 주께서 또 이르시되 불의한 재판장이 말한 것을 들으라 하물며 하나님께서 그 밤낮 부르짖는 택하신 자들의 원한을 풀어 주지 아니하시겠느냐 그들에게 오래 참으시겠느냐 내가 너희에게 이르노니 속히 그 원한을 풀어 주시리라 그러나 인자가 올 때에 세상에서 믿음을 보겠느냐 하시니라 (눅 18:6-8)

4. 지혜를 얻는다.

하나님께서 기도 응답을 해 주시는 방법 중에 지혜를 허락하시는 방법이 있다. 하나님께서는 기도하는 자에게 어떠한 난관에서도 승리할 수 있는 크고 비밀한 지혜를 허락하신다. 그러므로 기도는 지혜를 얻는 통로와 같다. 솔로몬 역시 기도 후에 얻은 축복이 지혜의 축복이었다. 지혜를 얻는 자는 어떠한 유익이 있는가?

> 지혜는 그 얻은 자에게 생명 나무라 지혜를 가진 자는 복되도다…지혜로운 자는 영광을 기업으로 받거니와 미련한 자의 영달함은 수치가 되느니라 (잠 3:18, 35)

Memo

Memo

> 지혜를 버리지 말라 그가 너를 보호하리라 그를 사랑하라 그가 너를 지키리라 (잠 4:6)

> 나 지혜로 말미암아 네 날이 많아질 것이요 네 생명의 해가 네게 더하리라 (잠 9:11)

5. 복음 증거할 힘을 얻는다.

기도를 새롭게 정리하여 복음을 전하려면 어떻게 해야 하겠는가?

벧전 5:7-9을 읽고 말씀의 의미를 생각해 봅시다.

> 너희 염려를 다 주께 맡기라 이는 그가 너희를 돌보심이라 근신하라 깨어라 너희 대적 마귀가 우는 사자 같이 두루 다니며 삼킬 자를 찾나니 너희는 믿음을 굳건하게 하여 그를 대적하라 이는 세상에 있는 너희 형제들도 동일한 고난을 당하는 줄을 앎이라 (벧전 5:7-9)

기도를 뜨겁게 드리는 자에게 주님께서는 복음을 전할 새 힘을 주시며, 복음을 전하는 자에게 역시 새 힘을 허락하신다. 혹시 복음을 전하지 못하거나 복음을 전하다가 낙심한 성도가 있다면 다시 한 번 기도의 통로를 점검해 보라. 결코 하나님은 복음을 전하는 자를 그냥 방치해 두는 법이 없으시다.

♣ 나눔의 시간 갖기

Memo

1. 오늘 말씀을 중심으로 삶에 적용해 보세요.

2. 기도

사랑의 하나님 오늘

예수님의 이름으로 기도드립니다. 아멘

3. 광고

①

②

③

4. 차시예고 (다음 구역공과 은혜시간에 중보기도 요청 내용과 감사의 기도 내용을 미리 공과에 적어오세요.)

5. 주기도문

17

신앙생활과 교회생활

무슨 일을 하든지 마음을 다하여 주께 하듯 하고 사람에게 하듯 하지 말라 이는 기업의 상을 주께 받은 줄 아나니 너희는 주 그리스도를 섬기느니라 (골 3:23-24)

Memo

♣ 마음 나누기

1. 인사 (구역 식구들에게)

① 당신과 함께하여 행복합니다.

② 주님의 이름으로 환영합니다.

③ 나는 오늘 축복의 주인공이 되고 싶습니다.

2. 찬송 (88장 내 진정 사모하는)

(1) 내 진정 사모하는 친구가 되시는 구주 예수님은 아름다워라
산 밑에 백합화요 빛나는 새벽 별 주님 형언할 길 아주 없도다
내 맘이 아플 적에 큰 위로 되시며 나 외로울 때 좋은 친구라
(2) 내 맘의 모든 염려 이 세상 고락도 주님 항상 같이 하여 주시고
시험을 당할 때에 악마의 계교를 즉시 물리치사 나를 지키네
온 세상 날 버려도 주 예수 안 버려 끝까지 나를 돌아 보시니
(3) 내 맘을 다하여서 주님을 따르면 길이 길이 나를 사랑하리니
물 불이 두렵잖고 창 검도 겁없네 주는 높은 산성 내 방패시라
내 영혼 먹이시는 그 은혜 누리고 나 친히 주를 뵙기 원하네
(후렴) 주는 저 산 밑에 백합 빛나는 새벽 별
이 땅 위에 비길 것이 없도다 아멘

3. 기도 (인도자나 기도 순서자가 기도)

사랑의 하나님 오늘 ......

예수님의 이름으로 기도드립니다. 아멘

4. 중보기도 요청 나누기

① 기도 내용 말하기: ....

② 감사기도 내용 말하기: ....

③ 응답기도 내용 말하기: ....

교회라는 곳은 하나님의 백성들이 모여 예배드리며, 교제하며, 하나님을 섬기는 처소이다. 교회는 사람들이 모여 이루어진 단체라는 이미지를 가지고 있지만 주님의 거룩함이 깃들어 있는 신령한 처소이다. 이와 같이 신령한 교회를 잘 섬기는 것은 성도에게 있어서 가장 축복된 일이 아닐 수 없다.

〈허수아비보다 못한 신앙인〉

아들이 물었다.

"아빠, 가장 독실한 기독교 신자가 뭔지 아세요?"

아들은 생각할 여유도 주지 않고 말했다.

"아빤 그것도 모르세요? 허수아비예요, 허수아비!"

그렇다. 허수아비는 죽어도(옷을 다 벗겨도) 중심에는 십자가만 남아있으니까.

이 시간에는 성도들이 주님의 몸된 교회를 어떻게 섬길 것이며, 어떻게 섬기는 것이 올바른가를 알아보자.

1. 교회를 자랑할 수 있어야 한다.

교회를 섬긴다는 것은 그만큼 교회를 사랑한다는 것이다. 사랑의 표현은 여러 가지가 있겠지만 자랑하는 방법도 있다. 교회를 잘 섬기려면 우리가 서로 뜨겁게 교회 자랑을 해야 한다. 아름다운 교회의 자랑은 타인으로 하여금 교회를 사랑으로 섬길 수 있는 안내서가 될 수 있다. "우리 교회는 은혜로운 교회다.", "우리 교회는 사랑이 많은 교회다."라는 등으로 교회를 자랑해 보자. 그럴 때에 내 영혼도 복되고 타인의 신앙도 돈독

Memo

하게 될 것이다. 이렇게 자랑하는 것을 성경에서 어떻게 교훈하고 있는가?

> 지혜로운 자의 마음은 그의 입을 슬기롭게 하고 또 그의 입술에 지식을 더하느니라 선한 말은 꿀송이 같아서 마음에 달고 뼈에 양약이 되느니라 (잠 16:23-24)

2. 교회의 고통을 함께 해야 한다.

참된 사랑은 좋은 일이 있을 때보다 어려운 일이 발생되었을 때 나타난다. 교회를 섬기는 것도 동일하다. 우리가 교회를 섬긴다는 것은 교회와 고통을 함께 한다는 것을 내포한다. 교회와 상관없이 개인적인 평강만을 추구한다면 그것은 온전한 성도라기보다는 이기주의적인 신앙이라고 볼 수 있다. 교회의 고통이 곧 자신의 고통이 될 때 주님의 참된 사랑의 의미도 알 수 있을 것이다. 교회에 대한 바울의 자세를 알아보자.

> 나는 이제 너희를 위하여 받는 괴로움을 기뻐하고 그리스도의 남은 고난을 그의 몸된 교회를 위하여 내 육체에 채우노라 (골 1:24)

3. 교회의 질서 유지와 예수 그리스도의 몸을 세워야 한다.

교회를 섬기는 일이 지나쳐서 교회의 질서를 파괴하고 그리스도의 몸을 무너뜨린다면 차라리 뒤에서 묵묵히 있는 것이 더 현명할 것이다. 교회의 거룩한 영적 질서가 유지되도록 지혜롭게 처신하여 교회를 섬겨야 한다. 뜨거운 열정을 가지고 교회를 섬기는 것 이상으로 교회 질서와 그리스도의 몸을 세우는 일에 더욱 전심전력해야 한다. 교회의 질서유지와 그리스도의 몸을 세우는 방법은 무엇인가?

> 그러므로 어리석은 자가 되지 말고 오직 주의 뜻이 무엇인가 이해하라 (엡 5:17)

4. 맡은 은사에 따라 최선을 다해야 한다.

지금까지 신앙생활을 하면서 얼마나 자신의 은사를 활용해 보았는가? 자기에게 있는 재능을 교회에 유익이 되도록 했는가? 아니면 자신의 영리를 위해 사용했는가? 참으로 우리의 주님은 재능을 교회를 위해 사용되기를 원하시며 최선을 다하기를 원하신다. 사람들이 하찮게 여기는 것일지라도 하나님께서는 귀하게 여기시므로 우리가 가진 모든 것을 드려 주님을 섬기는데 활용해야 한다.

> 하나님을 찬미하며 또 온 백성에게 칭송을 받으니 주께서 구원 받는 사람을 날마다 더하게 하시니라 (행 2:47)

5. 주님 앞에 있다는 사실을 알아야 한다.

주님 앞에서 생활하는 성경적 자세는 무엇인가?

> 너는 범사에 그를 인정하라 그리하면 네 길을 지도하시리라 (잠 3:6)

교회를 섬기는 자세 중에 가장 중요한 자세는 내가 하나님 앞에 서 있는 자세이다. 은밀한 중에 보시는 하나님께서 우리의 일거수일투족을 감찰하시고 계신다. 진실함으로 교회를 섬

Memo

Memo

길 때 하나님께서는 큰 복으로 채워주실 것이다. 우리의 행위가 드러나든지 안나든지 간에 하나님은 세밀하게 우리의 생활을 살피고 계신다는 사실을 기억하자.

♣ 나눔의 시간 갖기

1. 오늘 말씀을 중심으로 삶에 적용해 보세요.

2. 기도

사랑의 하나님 오늘

예수님의 이름으로 기도드립니다. 아멘

3. 광고

①

②

③

4. 차시예고 (다음 구역공과 은혜시간에 중보기도 요청 내용과 감사의 기도 내용을 미리 공과에 적어오세요.)

5. 주기도문

18

신앙생활과 새로운 각오

너희는 유혹의 욕심을 따라 썩어져 가는 구습을 따르는 옛 사람을 벗어 버리고 오직 너희의 심령이 새롭게 되어 (엡 4:22-23)

Memo

♣ 마음 나누기

1. 인사 (구역 식구들에게)

① 주님의 이름으로 축복합니다.

② 주님의 이름으로 사랑합니다.

③ 당신은 축복의 통로입니다.

2. 찬송 (257장 마음에 가득한 의심을 깨치고)

(1) 마음에 가득한 의심을 깨치고 지극히 화평한 맘으로
찬송을 부름은 어린 양 예수의 그 피로 속죄함 얻었네
(2) 금이나 은같이 없어 질 보배로 속죄함 받은것 아니오
거룩한 하나님 어린 양 예수의 그 피로 속죄함 얻었네
(3) 나 같은 죄인이 용서함 받아서 주 앞에 옳다함 얻음은
확실히 믿기는 어린 양 예수의 그 피로 속죄함 얻었네
(4) 거룩한 천국에 올라간 후에도 넘치는 은혜의 찬송을
기쁘게 부름은 어린 양 예수의 그 피로 속죄함 얻었네
(후렴) 속죄함 속죄함 주 예수 내 죄를 속했네 할렐루야
소리를 합하여 함께 찬송하세 그 피로 속죄함 얻었네

3. 기도 (인도자나 기도 순서자가 기도)

사랑의 하나님 오늘 ....

....

예수님의 이름으로 기도드립니다. 아멘

4. 중보기도 요청 나누기

① 기도 내용 말하기: ....

② 감사기도 내용 말하기: ....

③ 응답기도 내용 말하기: ....

성경은 말하기를 우리의 시대는 은혜 받을 만한 때라고 한다.(고후 6:2) 그러한 반면에 모이기를 폐하는 자들이 많아지며(히 10:25), 바른 교훈을 받지 않는다고 한다.(딤후 4:3) 이러한 때를 맞이하여 우리는 새로운 마음가짐으로 신앙생활을 시작해야 한다. 무엇을 하든지 새로운 자세가 중요하듯이 현재의 우리도 새 사람으로서 새롭게 믿음을 정리해야 할 것이다.

〈양 도둑이 성자로〉

전문적으로 양을 훔쳐 팔던 젊은 양 도둑이 잡혔다. 화가 난 사람들은 다시는 그런 짓을 못하게 하기 위해 그 젊은이의 이마에 양 도둑(Sheep Thief)의 약자로 S.T.라는 낙인을 찍었다.

그 후 그 젊은이는 그리스도를 영접하고 진실로 죄를 뉘우쳤다. 평생을 이웃을 위한 봉사와 희생의 삶을 살았다.

그가 노인이 되었을 때, 마을 사람들은 그의 이마에 찍힌 S.T.를 성자(SAINT)라고 읽었다.

이번 주에는 새롭게 신앙을 다시 다지기 위해서 몇 가지를 공부해 보자.

1. 과거의 생각을 정리하자.

우리들 신앙 속에서 병폐로 남아 있는 것이 있다면 신앙적 퇴행현상이다. 자꾸 지나간 과거만을 생각하고 현실이나 미래를 바라보지 않는 것이며, 자기 연민에 빠져서 과거의 생활 속에서 헤어나오지 못하는 것이다. 우리는 지금까지의 부정적인

Memo

생각들과 나태한 일들을 과감히 정리하고 새로운 마음가짐을 가져야 한다. 그러한 때 더욱 큰 일을 할 수 있을 것이다. 과거를 정리하는 것에 대한 성경적인 교훈을 말해보자.

> 너희는 유혹의 욕심을 따라 썩어져 가는 구습을 따르는 옛 사람을 벗어 버리고 오직 너희의 심령이 새롭게 되어 (엡 4:22-23)

2. 자신의 본래 위치를 지키자.

누구든지 현재까지 신앙생활을 하면서 꿋꿋하게 지켜온 자신의 자리가 항상 있다. 어떤 사람들을 보면 자신이 지키고 있는 위치를 지키지 못하고 퇴보하는 것을 볼 수 있다. 우리의 신앙을 새롭게 다시 시작하려면 자신에게 주어진 위치를 지키면서 시작해야 할 것이다.

[베드로]

① 베드로가 주님을 열심히 따라 다니며 믿었던 처음 모습

> 갈릴리 해변에 다니시다가 두 형제 곧 베드로라 하는 시몬과 그의 형제 안드레가 바다에 그물 던지는 것을 보시니 그들은 어부라 말씀하시되 나를 따라오라 내가 너희를 사람을 낚는 어부가 되게 하리라 하시니 그들이 곧 그물을 버려 두고 예수를 따르니라 거기서 더 가시다가 다른 두 형제 곧 세베대의 아들 야고보와 그의 형제 요한이 그의 아버지 세베대와 함께 배에서 그물 깁는 것을 보시고 부르시니 그들이 곧 배와 아버지를 버려 두고 예수를 따르니라 (마 4:18-22)

② 십자가에 못 박히는 사건을 보고 주님을 부인하던 나약한 모습

예수를 잡아 끌고 대제사장의 집으로 들어갈새 베드로가 멀찍이 따라가니라 사람들이 뜰 가운데 불을 피우고 함께 앉았는지라 베드로도 그 가운데 앉았더니 한 여종이 베드로의 불빛을 향하여 앉은 것을 보고 주목하여 이르되 이 사람도 그와 함께 있었느니라 하니 베드로가 부인하여 이르되 이 여자여 내가 그를 알지 못하노라 하더라 조금 후에 다른 사람이 보고 이르되 너도 그 도당이라 하거늘 베드로가 이르되 이 사람아 나는 아니로라 하더라 한 시간쯤 있다가 또 한 사람이 장담하여 이르되 이는 갈릴리 사람이니 참으로 그와 함께 있었느니라 베드로가 이르되 이 사람아 나는 네가 하는 말을 알지 못하노라고 아직 말하고 있을 때에 닭이 곧 울더라 주께서 돌이켜 베드로를 보시니 베드로가 주의 말씀 곧 오늘 닭 울기 전에 네가 세 번 나를 부인하리라 하심이 생각나서 밖에 나가서 심히 통곡하니라 (눅 22:54-62)

③ 다시 주님을 만남으로 새롭게 시작하는 모습을 통하여서 당신의 본래 위치가 어느 것인지 생각하고 이야기해 보자.

3. 새로운 일을 찾자.

새롭게 다시 시작하려면 새로운 일이 있어야 한다. 우리에게 주어지는 새로운 일을 열심히 찾을 때에 주님은 새롭고 놀라운 일들을 보여 주시며 시작하도록 하신다. 믿음의 눈을 열고 하나님께서 허락하시는 새로운 일들을 찾아보자. 새로운 일들을 어떻게 찾을 수 있겠는가?

그러므로 함께 하늘의 부르심을 받은 거룩한 형제들아 우리가 믿는 도리의 사도이시며 대제사장이신 예수를 깊이 생각하라 (히 3:1)

Memo

Memo

> 구하라 그리하면 너희에게 주실 것이요 찾으라 그리하면 찾아낼 것이요 문을 두드리라 그리하면 너희에게 열릴 것이니 구하는 이마다 받을 것이요 찾는 이는 찾아낼 것이요 두드리는 이에게는 열릴 것이니라 (마 7:7-8)

4. 성령님을 의존하자.

모든 일의 출발과 진행과 마무리는 사람이 하는 것처럼 생각이 들지만 결국은 하나님의 손길임을 알 수 있다.

요 14:26, 행 4:31, 갈 5:22-23을 읽고 말씀의 의미를 생각해 봅시다.

> 보혜사 곧 아버지께서 내 이름으로 보내실 성령 그가 너희에게 모든 것을 가르치고 내가 너희에게 말한 모든 것을 생각나게 하리라 (요 14:26)

> 빌기를 다하매 모인 곳이 진동하더니 무리가 다 성령이 충만하여 담대히 하나님의 말씀을 전하니라 (행 4:31)

> 오직 성령의 열매는 사랑과 희락과 화평과 오래 참음과 자비와 양선과 충성과 온유와 절제니 이같은 것을 금지할 법이 없느니라 (갈 5:22-23)

신앙생활을 새롭게 다시 시작하려면 성령님의 도우심이 필요하다. 우리의 의지와 결단이 식어지지 않도록 항상 성령님께서 도우시기를 바라는 자세가 필요하다. 새로운 계절을 맞이하여 성령 충만을 받아서 새롭게 다시 시작하는 성도가 되자.

♣ 나눔의 시간 갖기

Memo

1. 오늘 말씀을 중심으로 삶에 적용해 보세요.

2. 기도

사랑의 하나님 오늘

예수님의 이름으로 기도드립니다. 아멘

3. 광고

①

②

③

4. 차시예고 (다음 구역공과 은혜시간에 중보기도 요청 내용과 감사의 기도 내용을 미리 공과에 적어오세요.)

5. 주기도문

19

신앙생활의 원동력

너는 알지 못하였느냐 듣지 못하였느냐 영원하신 하나님 여호와, 땅 끝까지 창조하신 이는 피곤하지 않으시며 곤비하지 않으시며 명철이 한이 없으시며 피곤한 자에게는 능력을 주시며 무능한 자에게는 힘을 더하시나니 소년이라도 피곤하며 곤비하며 장정이라도 넘어지며 쓰러지되 오직 여호와를 앙망하는 자는 새 힘을 얻으리니 독수리가 날개치며 올라감 같을 것이요 달음박질하여도 곤비하지 아니하겠고 걸어가도 피곤하지 아니하리로다 (사 40:28-31)

Memo

♣ 마음 나누기

1. 인사 (구역 식구들에게)

① 당신은 주님의 멋진 동력자입니다.

② 당신은 복 받을 사람입니다.

③ 당신은 사랑받기 위해 태어난 사람입니다.

2. 찬송 (270장 변찮는 주님의 사랑과)

(1) 변찮는 주님의 사랑과 거룩한 보혈의 공로를
우리 다 찬양을 합시다 주님을 만나볼 때까지
(2) 우리를 깨끗게 한 피는 무궁한 생명의 물일세
생명의 구원을 받은 자 하나님 찬양을 합시다
(3) 주님의 거룩한 보혈을 날마다 입으로 간증해
담대히 싸우며 나가세 천국에 들어갈 때까지
(4) 십자가 단단히 붙잡고 날마다 이기며 나가세
머리에 면류관 쓰고서 주 앞에 찬양할 때까지
(후렴) 예수는 우리를 깨끗게 하시는 주시니
그의 피 우리를 눈보다 더 희게 하셨네

3. 기도 (인도자나 기도 순서자가 기도)

사랑의 하나님 오늘 ....

....

예수님의 이름으로 기도드립니다. 아멘

4. 중보기도 요청 나누기

① 기도 내용 말하기: ....

② 감사기도 내용 말하기: ....

③ 응답기도 내용 말하기: ....

Memo

새로운 신앙생활을 위한 원동력이라 하면 '새 힘' 이라고 말할 수 있다. 성경에서 새 힘이라는 용어를 쓰고 있는 것으로 보아 새 힘이 아닌 또 다른 힘이 있음을 보여 준다.

〈신앙의 나침반〉

나침반의 바늘은 항상 북쪽을 가리키고 있다. 만약 그 바늘이 마음대로 움직이거나 다른 방향을 가리키고 있다면 그 나침반은 고장이다. 쓸모가 없다. 버리게 된다.

우리의 신앙의 나침반도 마찬가지이다. 항상 주님을 향하고 있어야 한다. 만약 주님을 향하고 있지 않으면 마귀가 방해를 하고 있는 것이다. 쓸모가 없어진다. 그 결과는 지옥 불에 버려지게 되는 것이다.

사람들이 가지고 있는 힘은 잠시 잠깐이지만 성령께서 부여해 주시는 새 힘은 모든 힘보다 강력하며 지속적이다. 성령님께서 새 힘을 부여해 주시는 자는 새로운 신앙생활을 할 수 있다. 이 시간에는 우리를 새롭게 만드는 신앙의 요인이 무엇인가 공부해 보자.

1. 말씀을 묵상하는 생활을 해야 한다.

말씀은 영혼의 양식이며 운동력이 있어서 우리의 심령과 골수를 찔러 쪼개기까지 하는 강력한 능력이 있다. 신앙적으로 고장난 부분을 수리하고 상처난 곳을 치료하여 육신에 속한 신앙을 거듭나게 하여 새롭게 변화시켜 준다. 또한 말씀은 우리의 신앙생활을 성장시켜 주는 요인이 된다.

성경은 어떠한 자세로 말씀을 가까이 하라고 하는가?

Memo

> 이러므로 너희는 나의 이 말을 너희의 마음과 뜻에 두고 또 그것을 너희의 손목에 매어 기호를 삼고 너희 미간에 붙여 표를 삼으며 또 그것을 너희의 자녀에게 가르치며 집에 앉아 있을 때에든지, 길을 갈 때에든지, 누워 있을 때에든지, 일어날 때에든지 이 말씀을 강론하고 또 네 집 문설주와 바깥 문에 기록하라 그리하면 여호와께서 너희 조상들에게 주리라고 맹세하신 땅에서 너희의 날과 너희의 자녀의 날이 많아서 하늘이 땅을 덮는 날과 같으리라 (신 11:18-21)

2. 고백하는 기도생활을 해야 한다.

신앙생활을 새롭게 출발하도록 하는 것은 매일 하나님께 고백하는 기도생활에서 비롯된다. 끊임없이 자신 속에 있는 더러운 것을 내어 놓고 고백하는 기도생활이 있는 자는 하나님의 크신 사랑을 받을 수 있으며, 항상 새로워지는 체험을 할 수 있다. 성경에서는 고백하는 기도생활을 하는 자에게 주어지는 유익을 무엇이라고 하였는가?

> 만일 우리가 우리 죄를 자백하면 그는 미쁘시고 의로우사 우리 죄를 사하시며 우리를 모든 불의에서 깨끗하게 하실 것이요 (요일 1:9)

> 오직 공의롭게 행하는 자, 정직히 말하는 자, 토색한 재물을 가증히 여기는 자, 손을 흔들어 뇌물을 받지 아니하는 자, 귀를 막아 피 흘리려는 꾀를 듣지 아니하는 자, 눈을 감아 악을 보지 아니하는 자 (사 33:15)

Memo

3. 그리스도 안에서 교제하는 생활을 해야 한다.

성도가 그리스도 안에서 아름다운 교제를 하는 것은 새롭게 자신을 발견할 수 있는 좋은 기회가 된다. 내가 잘 알지 못했던 신앙의 비밀들은 성도가 서로 교제하는 가운데 얻어진다. 문제가 있을 때에 서로 권면해 줌으로써 지친 영혼이 새롭게 변화될 수 있도록 좋은 교제를 하자. 그러므로 그리스도 안에서 아름다운 교제가 필요하다. 아름다운 성도의 교제 생활을 하려면 어떻게 해야 하겠는가?

> 마음을 같이하여 같은 사랑을 가지고 뜻을 합하며 한마음을 품어 아무 일에든지 다툼이나 허영으로 하지 말고 오직 겸손한 마음으로 각각 자기보다 남을 낫게 여기고 각각 자기 일을 돌볼뿐더러 또한 각각 다른 사람들의 일을 돌보아 나의 기쁨을 충만하게 하라 (빌 2:2-4)

4. 하나님의 권능을 의지하는 생활을 하자.

말씀을 묵상하면서 고백하는 기도생활과 아름다운 성도의 교제를 통하여 자신이 새롭게 변화되도록 하나님의 권능을 의지하는 자만이 새로운 신앙생활을 할 수 있다. 이럴 때에 하나님께서 우리에게 주시는 변화는 무엇인가?

> 그런즉 누구든지 그리스도 안에 있으면 새로운 피조물이라 이전 것은 지나갔으니 보라 새 것이 되었도다 (고후 5:17)

> 새 사람을 입었으니 이는 자기를 창조하신 이의 형상을 따라 지식에까지 새롭게 하심을 입은 자니라 (골 3:10)

Memo

자신이 새롭게 되도록 하려면 주의 권능을 의지하는것에 열심이있어야 한다. 우리의 생활을 변화시켜서 새로운 신앙생활을 시작하기 위해서 주님께 우리의 생활과 우리 자신을 헌신하는 자가 되자.

♣ 나눔의 시간 갖기

1. 오늘 말씀을 중심으로 삶에 적용해 보세요.

2. 기도

사랑의 하나님 오늘

예수님의 이름으로 기도드립니다. 아멘

3. 광고

① ....

② ....

③ ....

4. 차시예고 (다음 구역공과 은혜시간에 중보기도 요청 내용과 감사의 기도 내용을 미리 공과에 적어오세요.)

5. 주기도문

Memo

20

신앙생활과 새로운 변화

내가 그리스도와 함께 십자가에 못 박혔나니 그런즉 이제는 내가 사는 것이 아니요 오직 내 안에 그리스도께서 사시는 것이라 이제 내가 육체 가운데 사는 것은 나를 사랑하사 나를 위하여 자기 자신을 버리신 하나님의 아들을 믿는 믿음 안에서 사는 것이라 내가 하나님의 은혜를 폐하지 아니하노니 만일 의롭게 되는 것이 율법으로 말미암으면 그리스도께서 헛되이 죽으셨느니라 (갈 2:20-21)

Memo

♣ 마음 나누기

1. 인사 (구역 식구들에게)

① 당신은 주님의 멋진 형제(자매)입니다.

② 당신은 오늘 건강해 보이십니다.

③ 당신과 함께하여 기쁩니다.

2. 찬송 (259장 예수 십자가에 흘린 피로써)

(1) 예수 십자가에 흘린 피로써 그대는 씻기어 있는가
더러운 죄 희게하는 능력을 그대는 참 의지 하는가
(2) 주 예수와 밤 낮으로 늘 함께 그대는 행동을 하는가
아무때나 어디서나 그대는 십자가 붙들고 있는가
(3) 주님 예수 다시올 때 그대는 영접할 예복이 있는가
그대 몸은 거룩한 곳 천국에 들어갈 준비가 됐는가
(4) 모든 죄에 더러워진 예복을 주 앞에 지금 다 벗어서
샘물같이 솟아나는 보혈로 눈보다 더 희게 씻으라
(후렴) 예수의 보혈로 그대는 씻기어 있는가
마음 속에 여러가지 죄악이 깨끗이 씻기어 있는가

3. 기도 (인도자나 기도 순서자가 기도)

사랑의 하나님 오늘 ……………………………………

……………………………………

예수님의 이름으로 기도드립니다. 아멘

4. 중보기도 요청 나누기

① 기도 내용 말하기: ……………………………

② 감사기도 내용 말하기: ……………………………

③ 응답기도 내용 말하기: ……………………………

〈나 같은 죄인 살리신〉

305장, '나 같은 죄인 살리신'의 찬송시를 지은 존 뉴턴의 일화이다.

그는 몇 백 명의 부하를 거느린, 또한 돈이 되는 일이라면 무엇이든지 다하는 어두운 세계의 알코올 중독자였다. 술이 취한 상태에서 장난삼아 교회에 들어간 적이 있었다. 젊은 목사의 '탕자의 비유'에 관한 진지한 설교가 이어지고 있었다. 갑자기 그는 하나님의 사랑에 감동이 되었다. 뜨거운 눈물이 흘렀다. 거듭난 것이었다.

이때의 감동을 기록한 찬송시가 바로 305장(구405장), "나 같은 죄인 살리신"이다.

때로는 우리의 결단들이 연약해지는 경우를 볼 수 있는데 이럴 때 마다 성령님의 교통하심을 인정하고 성령님께서 내 생활을 주관하시도록 맡기는 생활이 필요하다. 성령 충만은 무엇보다 더 새롭게 출발하려는 우리의 결단을 더욱 확신있게 하며 원활하게 진행시켜 줄 것이다. 우리의 무능한 의지력을 강하신 성령님과 접목시켜야 한다. 성령 충만하여 새롭게 출발하는 신앙생활은 어떤 것인가를 공부해 보자.

1. 은혜안에서 살아야 한다.

새로운 생활의 대표적인 것이 하나님의 은혜를 깨닫고 그분이 주시는 은혜 가운데 생활하는 것이다. 죽은 사람에게 최고급 저택을 마련해 주고 제일 좋은 승용차를 선물해 준다 할지라도 죽은 자는 그 기쁨과 은혜를 느낄 수 없는 것처럼 영적으로 죽

Memo

은 자들은 하나님의 은혜를 알지 못한다. 그러므로 새롭게 출발하는 신앙인들은 주님께서 구원해 주신 은혜에 감격하여 은혜 안에서 살아야 한다. 은혜를 깨닫는 비결은 무엇이겠는가?

> 우리 주의 은혜가 그리스도 예수 안에 있는 믿음과 사랑과 함께 넘치도록 풍성하였도다 미쁘다 모든 사람이 받을 만한 이 말이여 그리스도 예수께서 죄인을 구원하시려고 세상에 임하셨다 하였도다 죄인 중에 내가 괴수니라 그러나 내가 긍휼을 입은 까닭은 예수 그리스도께서 내게 먼저 일체 오래 참으심을 보이사 후에 주를 믿어 영생 얻는 자들에게 본이 되게 하려 하심이라
>
> (딤전 1:14-16)

2. 자녀의 권세로 살아야 한다.

만약 우리가 한 나라의 대통령의 자녀가 되었다면 어디를 가든지 자신있고 담대하게 모든 일을 처리할 수 있을 것이다. 한 나라 위정자들의 자녀들도 아버지의 권세로 자신있게 살아가는데, 만왕의 왕이 되시며, 전지전능하사 못할 일이 없으신 여호와 하나님의 자녀가 된 우리가 하나님의 자녀된 자로서 자신감이 없고 소극적으로 살아서야 되겠는가? 하나님의 자녀된 자는 하나님의 자녀의 권세를 가지고 담대하게 살아야 한다. 이렇게 할 때 생활 속에 새로운 역사들이 일어나게 될 것이다. 그렇다면 성경은 자녀가 세상을 사는 법에 대하여 어떻게 말하고 있는가?

갈 4:6-7, 요 16:33을 읽고 그 의미를 생각해 봅시다.

> 너희가 아들이므로 하나님이 그 아들의 영을 우리 마음 가운데 보내사 아빠 아버지라 부르게 하셨느니라 그러

므로 네가 이 후로는 종이 아니요 아들이니 아들이면 하나님으로 말미암아 유업을 받을 자니라 (갈 4:6-7)

이것을 너희에게 이르는 것은 너희로 내 안에서 평안을 누리게 하려 함이라 세상에서는 너희가 환난을 당하나 담대하라 내가 세상을 이기었노라 (요 16:33)

Memo

3. 새 생명 운동을 해야 한다.

갈라디아서 1장 20-21절을 보면 우리가 그리스도의 은혜로 새 사람이 되었다는 사실을 밝혀 준다. 이 은혜를 받은 우리는 다른 사람에게 새 생명의 길을 가르쳐 주어야 할 책임이 있다. 우리가 새로운 사람으로 지속적으로 살기 위해서는 새 생명 운동을 일으켜 나와 타인이 함께 그리스도 앞으로 매일 나와야 할 것이다. 새 생명 운동을 하는 자는 어떤 복이 있는가?

지혜 있는 자는 궁창의 빛과 같이 빛날 것이요 많은 사람을 옳은 데로 돌아오게 한 자는 별과 같이 영원토록 빛나니라 (단 12:3)

4. 간증 생활을 해야 한다.

간증을 통하여 더 많은 감사의 조건과 헌신의 조건을 찾아서 하나님께 영광 돌리는 생활을 하려면 어떻게 해야 하는가?

그러므로 함께 하늘의 부르심을 받은 거룩한 형제들아 우리가 믿는 도리의 사도이시며 대제사장이신 예수를 깊이 생각하라 (히 3:1)

무슨 일을 하든지 마음을 다하여 주께 하듯 하고 사람에게 하듯 하지 말라 (골 3:23)

Memo

간증은 예수 그리스도를 자랑하고 하나님의 이름을 높여 드리는 우리들의 기본적인 자세이다. 생활 속에서 얻어지는 하나님의 도우심과 은혜를 내 입술을 벌려서 간증을 해야 한다.

♣ 나눔의 시간 갖기

1. 오늘 말씀을 중심으로 삶에 적용해 보세요.

2. 기도

사랑의 하나님 오늘

예수님의 이름으로 기도드립니다. 아멘

3. 광고

①..

②..

③..

4. 차시예고 (다음 구역공과 은혜시간에 중보기도 요청 내용과 감사의 기도 내용을 미리 공과에 적어오세요.)

5. 주기도문

Memo

21

신앙생활과 여름철 신앙 관리

내 형제들아 만일 사람이 믿음이 있노라 하고 행함이 없으면 무슨 유익이 있으리요 그 믿음이 능히 자기를 구원하겠느냐 만일 형제나 자매가 헐벗고 일용할 양식이 없는데 너희 중에 누구든지 그에게 이르되 평안히 가라, 덥게 하라, 배부르게 하라 하며 그 몸에 쓸 것을 주지 아니하면 무슨 유익이 있으리요 이와 같이 행함이 없는 믿음은 그 자체가 죽은 것이라

(약 2:14-17)

Memo

♣ 마음 나누기

1. 인사 (구역 식구들에게)

① 당신은 은혜가 풍성한 사람입니다.

② 당신은 주님의 일꾼입니다.

③ 당신은 주님의 충성된 종입니다.

2. 찬송 (400장 험한 시험 물 속에서)

(1) 험한 시험 물 속에서 나를 건져주시고
노한 풍랑 지나도록 나를 숨겨 주소서
(2) 권세 능력 무한하사 모든 시험 이기고
풍랑까지 다스리는 주님 앞에 비오니
(3) 죄악 길에 빠진 이 몸 캄캄한데 헤매며
부르짖는 나의 애원 들으소서 내 주여
(후렴) 주여 나를 돌보시사 고이 품어주시고
험한 풍파 지나도록 나를 숨겨주소서 아멘

3. 기도 (인도자나 기도 순서자가 기도)

사랑의 하나님 오늘 ....

....

....

예수님의 이름으로 기도드립니다. 아멘

4. 중보기도 요청 나누기

① 기도 내용 말하기: ....

② 감사기도 내용 말하기: ....

③ 응답기도 내용 말하기: ....

Memo

〈선생님 말씀대로 했더니〉

어느 시골 농부가 벤자민 프랭클린을 찾아왔다. 그 농부는 이야기 끝에 교훈이 될 만한 글을 몇 자 써 달라고 했다. 그는 '오늘 할 일을 내일로 미루지 말라.'라고 써서, 친절하게 싸인까지 해 주었다.

며칠 후, 그 농부는 선물을 잔뜩 들고 다시 찾아왔다. "선생님, 그 날 제가 집에 도착했을 때, 마을 사람들은 곡식을 모두 베어놓고 피곤해 하며 막 집으로 돌아가려던 참이었어요. 그때 선생님께서 제게 주신 말씀이 생각났어요. 그래서 몇몇 일꾼과 추수한 곡식을 모두 창고로 거두었지요. 그날 밤, 폭우가 내렸지 뭐예요."

살아있는 믿음은 환경이 바뀌거나 어려워도 낙심하지 않는다. 또한 항상 새롭게 성장하며 주님이 기뻐하시는 모습으로 변해가며 아름다운 열매를 맺는다. 끊임없이 지칠줄 모르며, 발전해 나가는 믿음이야말로 살아있는 믿음의 증거이다.

1. 기도생활은 믿음을 살아있도록 한다.

생명력 있는 믿음생활은 기도의 밑받침이 있어야 한다. 규칙적인 작정기도나, 무시로 깨어서 하는 기도나, 생활 속에서 하는 기도나, 간절히 호소하는 기도가 우리의 믿음을 살아 있도록 한다. 그러므로 여름철을 맞이하여 기도생활에 게을리하지 말아야 한다. 기도하는 성도에게 마귀는 접근하지 못한다. 사무엘은 기도에 대해서 어떤 자세를 가졌는가?

Memo

> 나는 너희를 위하여 기도하기를 쉬는 죄를 여호와 앞에 결단코 범하지 아니하고 선하고 의로운 길을 너희에게 가르칠 것인즉 (삼상 12:23)

2. 말씀 연구 생활은 믿음을 성장하게 한다.

성경은 영혼을 살찌우는 영혼의 양식이다. 여름철이라서 산과 들로 피서를 갈지라도 잊지말고 준비할 것은 성경책과 찬송가이다. 하나님이 주신 아름다운 자연 속에서 말씀 연구를 깊이하게 될 때 더욱 영혼이 살찌게 될 것이다. 이번 여름에는 말씀으로 뜨겁게 무장하는 계절로 만들어 보는 것이 좋을 것이다. 말씀에 대한 우리의 자세는 어떻게 해야 하는가?

> 내가 주의 법을 어찌 그리 사랑하는지요 내가 그것을 종일 작은 소리로 읊조리나이다 (시 119:97)

> 내가 날이 밝기 전에 부르짖으며 주의 말씀을 바랐사오며 주의 말씀을 조용히 읊조리려고 내가 새벽녘에 눈을 떴나이다 (시 119:147-148)

3. 예배생활은 믿음을 확인시켜 준다.

마음 속에 품고 있는 믿음을 열매로 나타낼 수 있는 방법중에 한 가지가 예배생활이다. 아무리 바쁘고 번잡해도 예배시간에 예배를 드리는 것은 성도로서는 당연한 의무이다. 여름 휴가철에 예배시간을 철저하게 지켜서 드리는 것은 지금까지의 믿음생활을 확인시켜 주는 좋은 기회가 될 것이다. 이번 여름에는 특별히 예배생활에 승리해 보자. 예배를 성공하기 위해서 우리는 어떻게 행동해야 하겠는가?

Memo

모이기를 폐하는 어떤 사람들의 습관과 같이 하지 말고 오직 권하여 그 날이 가까움을 볼수록 더욱 그리하자 (히 10:25)

4. 전도생활은 믿음을 새롭게 한다.

살아있는 믿음의 증거는 내 안에 있는 예수 그리스도를 타인에게 전달하는데 있다.

너는 말씀을 전파하라 때를 얻든지 못 얻든지 항상 힘쓰라 범사에 오래 참음과 가르침으로 경책하며 경계하며 권하라 (딤후 4:2)

생각하건대 현재의 고난은 장차 우리에게 나타날 영광과 비교할 수 없도다 (롬 8:18)

뜨거운 여름철에는 자신의 믿음을 새롭게 하기 위해서라도 복음을 전도해야 한다. 게으르기 쉬운 계절 속에서 조금이나마 무엇인가 성취감을 맛보기 위해서 전도생활에 시간을 투자하는 것도 좋을 것이다. 무더운 여름철을 의미있게 보내는 성도들의 지혜는 복음을 전하는 것이다.

♣ 나눔의 시간 갖기

1. 오늘 말씀을 중심으로 삶에 적용해 보세요.

Memo

2. 기도

사랑의 하나님 오늘

....

....

....

....

....

....

....

예수님의 이름으로 기도드립니다. 아멘

3. 광고

① ....

② ....

③ ....

4. 차시예고 (다음 구역공과 은혜시간에 중보기도 요청 내용과 감사의 기도 내용을 미리 공과에 적어오세요.)

5. 주기도문

22

초대교회와 성령 충만

그들이 이 말을 듣고 마음에 찔려 베드로와 다른 사도들에게 물어 이르되 형제들아 우리가 어찌할꼬 하거늘 베드로가 이르되 너희가 회개하여 각각 예수 그리스도의 이름으로 세례를 받고 죄 사함을 받으라 그리하면 성령의 선물을 받으리니 이 약속은 너희와 너희 자녀와 모든 먼 데 사람 곧 주 우리 하나님이 얼마든지 부르시는 자들에게 하신 것이라 하고 또 여러 말로 확증하며 권하여 이르되 너희가 이 패역한 세대에서 구원을 받으라 하니 그 말을 받은 사람들은 세례를 받으매 이 날에 신도의 수가 삼천이나 더하더라 그들이 사도의 가르침을 받아 서로 교제하고 떡을 떼며 오로지 기도하기를 힘쓰니라 사람마다 두려워하는데 사도들로 말미암아 기사와 표적이 많이 나타나니 믿는 사람이 다 함께 있어 모든 물건을 서로 통용하고 또 재산과 소유를 팔아 각 사람의 필요를 따라 나눠 주며 날마다 마음을 같이하여 성전에 모이기를 힘쓰고 집에서 떡을 떼며 기쁨과 순전한 마음으로 음식을 먹고 하나님을 찬미하며 또 온 백성에게 칭송을 받으니 주께서 구원 받는 사람을 날마다 더하게 하시니라 (행 2:37-47)

Memo

♣ 마음 나누기

1. 인사 (구역 식구들에게)

① 당신은 오늘 행복의 주인공입니다.

② 당신은 주님의 사랑의 메신저입니다.

③ 당신과 함께하여 행복합니다.

2. 찬송 (197장 은혜가 풍성한 하나님은)

(1) 은혜가 풍성한 하나님은 믿는 자 한 사람 한 사람
어제도 오늘도 언제든지 변찮고 보호해 주시네
(2) 정욕과 죄악에 물든 맘을 성령의 불길로 태우사
정결케 하소서 태우소서 깨끗게 하여 주옵소서
(3) 희생의 제물로 돌아가신 어린 양 우리 주 예수여
구속의 은혜를 내리시사 오늘도 구원해 주소서
(4) 주님의 깊으신 은혜만을 세상에 널리 전하리니
하늘의 능력과 권세로써 오늘도 입혀 주옵소서
(후렴) 주여 성령의 은사들을 오늘도 내리어 주소서
성령의 뜨거운 불길로써 오늘도 충만케 하소서 아멘

3. 기도 (인도자나 기도 순서자가 기도)

사랑의 하나님 오늘 ....

....

예수님의 이름으로 기도드립니다. 아멘

4. 중보기도 요청 나누기

① 기도 내용 말하기: ....

② 감사기도 내용 말하기: ....

③ 응답기도 내용 말하기: ....

기독교 2천 년의 긴 역사를 통하여 살펴볼 때 초대교회 만큼 부흥하고 뜨거운 역사가 일어난 교회는 일찍이 없었다. 하루에도 3천 명이 회개하고 세례를 받았으며, 하나님의 큰 권능이 나타났고, 수 많은 영혼들이 그리스도에게로 돌아오는 역사가 일어났다. 이런 모든 것의 원동력은 사람의 힘과 능력에 의한 것이 아니라 성령의 능력이며 역사이다.

〈사랑의 꿀단지〉

꿀을 먹고사는 꿀개미 집단에 '꿀단지' 라고 불리는 개미들이 있다고 한다. 꿀단지는 평소에 꿀을 잔뜩 빨아들여 항상 온 몸이 퉁퉁 부어 있다고 한다. 그러다가 꿀을 구하기가 어려워지면 동료 꿀개미들이 꿀단지에게 달라붙어 꿀단지의 몸에 비축된 꿀을 빨아먹고 굶주림의 위기를 넘긴다고 한다.

바로 우리 교회가 초대교회 성도들의 생활처럼 사회의 꿀단지가 되어야 하지 않을까?

기독교는 성령의 종교이다. 우리가 초대교회처럼 성령의 능력에 사로잡혀 있을 때 우리의 교회와 가정, 그리고 인생이 행복하고 복된 삶이 될 것이다.

오늘은 초대교회의 신앙 모습에 대해 살펴봅시다.

1. 성령님께 주도권을 내어드렸다.

우리가 신앙생활에서 실패하는 주요한 요인 중의 하나는 믿음이 있노라 하면서 성령님께 자기 삶의 주도권을 내어 드리지 않는데 기인한다. 초대교회 제자들이 예수님을 부인하고 도망간 사건도 여기에 원인이 있고, 아나니아와 삽비라(행 5장)가 망한 원인도 여기에 있다. 실패를 경험한 제자들은 두 번 다시 이 문제에 실패하지 않도록 백성들에게 다음을 가르쳤다.

※ **성령의 감동하심을 따라 살라.**

※ **성령님께 지배를 받는 삶을 살라.**

> 술 취하지 말라 이는 방탕한 것이니 오직 성령으로 충만함을 받으라 (엡 5:18)

2. 성령의 능력을 의지했다.

초대교회에서 예수님의 제자들이 예수를 부인하고, 넘어지며, 도망간 모든 사건은 그들에게 믿음이 없어서가 아니라, 그 믿음을 실천할 내적인 능력이 없었기 때문이다. 성령 충만은 바로 이 문제를 해결해 준다. 오순절에 성령 충만을 받은 제자들은 땅끝까지 이르러 순교로써 복음을 증거했고, 초대교회 성도들은 온갖 어려움, 핍박, 환난 속에서도 믿음을 굳게 지켰으며, 핍박받는 교회는 그들로 인하여 오히려 부흥의 역사가 일어났다.

> 사도와 함께 모이사 그들에게 분부하여 이르시되 예루살렘을 떠나지 말고 내게서 들은 바 아버지께서 약속하신 것을 기다리라 (행 1:4)

> 오순절 날이 이미 이르매 그들이 다같이 한 곳에 모였더니 (행 2:1)

3. 초대교회 성도들이 성령 충만히 받은 다음 힘쓴 것들은 무엇인지 행 2:42-47을 읽고 6가지 이상 말해 봅시다.

Memo

그들이 사도의 가르침을 받아 서로 교제하고 떡을 떼며 오로지 기도하기를 힘쓰니라 사람마다 두려워하는데 사도들로 말미암아 기사와 표적이 많이 나타나니 믿는 사람이 다 함께 있어 모든 물건을 서로 통용하고 또 재산과 소유를 팔아 각 사람의 필요를 따라 나눠 주며 날마다 마음을 같이하여 성전에 모이기를 힘쓰고 집에서 떡을 떼며 기쁨과 순전한 마음으로 음식을 먹고 하나님을 찬미하며 또 온 백성에게 칭송을 받으니 주께서 구원 받는 사람을 날마다 더하게 하시니라 (행 2:42-47)

① 가르침을 받았다.

② 교제하며 떡을 떼었다.

③ 기도하기를 힘썼다.

④ 물건을 서로 나눠주었다.

⑤ 성전에 모이기를 힘썼다.

⑥ 하나님을 찬미 하였다.

♣ 나눔의 시간 갖기

1. 오늘 말씀을 중심으로 삶에 적용해 보세요.

Memo

2. 기도

사랑의 하나님 오늘

예수님의 이름으로 기도드립니다. 아멘

3. 광고

①

②

③

4. 차시예고 (다음 구역공과 은혜시간에 중보기도 요청 내용과 감사의 기도 내용을 미리 공과에 적어오세요.)

5. 주기도문

〈수난절〉

23

십자가의 참된 의의

우리가 아직 죄인 되었을 때에 그리스도께서 우리를 위하여 죽으심으로 하나님께서 우리에 대한 자기의 사랑을 확증하셨느니라 (롬 5:8)

Memo

♣ 마음 나누기

1. 인사 (구역 식구들에게)

① 주님의 이름으로 환영합니다.

② 나는 오늘 축복의 주인공이 되고 싶습니다.

③ 주님의 이름으로 축복합니다.

2. 찬송 (260장 우리를 죄에서 구하시려)

(1) 우리를 죄에서 구하시려 주 예수 십자가 지셨으니
기쁘게 부르세 할렐루야 나 구원 얻었네
(2) 우리를 주께서 구했으니 이전에 행하던 악한일과
추하고 더러운 모든 죄를 온전히 버렸네
(3) 나 지금 죄에서 사함받아 거룩한 백성이 되었으니
이 육신 장막을 벗을 때도 겁날 것 없겠네
(4) 우리가 이 세상 떠날 때에 예수의 손목을 굳게잡고
영원히 즐거운 천국에서 주 함께 살겠네
(후렴) 찬송하세 찬송하세 주님 나를 구하셨네
찬송하세 찬송하세 주가 구원하셨네

3. 기도 (인도자나 기도 순서자가 기도)

사랑의 하나님 오늘 ....

....

예수님의 이름으로 기도드립니다. 아멘

4. 중보기도 요청 나누기

① 기도 내용 말하기: ....

② 감사기도 내용 말하기: ....

③ 응답기도 내용 말하기: ....

어떤 사람은 그리스도의 십자가 사건을 실패한 사건이라고 하지만, 십자가는 인류 최상의 뉴스이며 인류 구원의 대역사이다.

하나님은 전능하신 분으로서 불가능이 없는 분이시며, 악한 날에 악한 것도 선으로 바꾸시는 위대한 분이시다. 원수 마귀는 바리새인, 대제사장, 서기관, 로마 병정 등을 충동질하여 예수님을 십자가에 못 박았지만, 이것도 인류 구속의 위대한 대역사로 바꾸어 놓으셨다.

〈왜 우리만 십자가를 져야합니까?〉

장애우들의 복지를 위해 복지 단체에 많은 돈을 기부한 부부가 있었다.

하루는 부인이 남편에게 불만을 얘기했다.

"여보, 우리만 너무 많이 기부하는 것 아닌가요? 생활이 좀 어려워요. 우리도 남들처럼만 하면 안 될까요?"

남편이 대답했다.

"남들이 하지 않으니까 우리가 더 관심을 가져야죠. 주님께서는 누구든지 주님을 따라오려거든 자기를 부인하고 자기 십자가를 지고 주님을 따르라고 하셨소. 주님의 말씀이 바로 이렇게 살라는 것이 아니겠소?"

오늘은 예수 그리스도 십자가의 참된 의의에 대해 살펴보자.

1. 하나님 사랑에 대한 최상의 증거이다.

하나님의 사랑은 세상의 사랑과는 전혀 다른 '아가페' 사랑이다. 이는 사랑하는 대상에 대하여 어떤 대가를 바라고 주는

Memo

사랑이 아니라, 아무런 조건이나 대가도 없이 베풀어 주시는 놀라운 사랑이다.

하나님의 사랑은 사람이 죄악으로 인하여 지옥으로 갈 수밖에 없을 때 독생자 예수 그리스도를 십자가에서 못 박혀 피흘려 죽게하심으로 인류의 죄악을 용서해 주신 인류에 대한 최상의 사랑이다.

> 우리가 아직 죄인 되었을 때에 그리스도께서 우리를 위하여 죽으심으로 하나님께서 우리에 대한 자기의 사랑을 확증하셨느니라 (롬 5:8)

> 자기 아들을 아끼지 아니하시고 우리 모든 사람을 위하여 내주신 이가 어찌 그 아들과 함께 모든 것을 우리에게 주시지 아니하겠느냐 (롬 8:32)

2. 하나님의 의에 대한 가장 위대한 증거이다.

하나님은 사랑의 하나님이시다. 그러나 죄에 대해서는 공의로 심판하는 분이시다. 예수의 십자가 사건은 사람의 죄악을 무조건 용서해 주시는 것으로서 하나님의 의를 무너뜨리는 것인가? 그렇지 않다. 오히려 십자가의 사건은 인류를 대신하여 하나님의 독생자를 십자가에 못 박으시고, 공의에 대한 심판을 내리심으로써 하나님의 사랑을 보여주는 것이요, 더 나아가서는 하나님의 의로우심도 충족시키는 사건이다.

신자는 우리 인간의 죄악이 하나님의 독생자를 십자가에 못 박지 않고는 용서할 수 없는 무서운 것이라는 점을 깊이 명심하여야 하며, 생활 속에서 십자가에 예수님을 반복하여 못 박는 어리석음을 범하지 말아야 할 것이다.

Memo

롬 3:23-25을 읽고 인간의 죄의 결과는 무엇이며, 하나님의 사랑이 무엇인가를 살펴 봅시다.

> 모든 사람이 죄를 범하였으매 하나님의 영광에 이르지 못하더니 그리스도 예수 안에 있는 속량으로 말미암아 하나님의 은혜로 값 없이 의롭다 하심을 얻은 자 되었느니라 이 예수를 하나님이 그의 피로써 믿음으로 말미암는 화목제물로 세우셨으니 이는 하나님께서 길이 참으시는 중에 전에 지은 죄를 간과하심으로 자기의 의로우심을 나타내려 하심이니 (롬 3:23-25)

3. 우리에게는 칭의의 근거가 된다.

어떤 사람은 "죄가 많아서 예수를 못 믿는다." 고 한다. 하지만 우리가 예수를 믿어야 할 가장 중요한 이유 중의 하나는 그 죄로 부터 구원을 받을 수 있는 길이기 때문이다. 예수는 범죄한 인간의 정죄함을 해결하고, 칭의에 이르게 하기 위해 오신 분이시요, 그것을 위해서 십자가에 못 박히신 것이다.

> 한 사람의 범죄로 말미암아 사망이 그 한 사람을 통하여 왕 노릇 하였은즉 더욱 은혜와 의의 선물을 넘치게 받는 자들은 한 분 예수 그리스도를 통하여 생명 안에서 왕 노릇 하리로다 그런즉 한 범죄로 많은 사람이 정죄에 이른 것 같이 한 의로운 행위로 말미암아 많은 사람이 의롭다 하심을 받아 생명에 이르렀느니라
> (롬 5:17-18)

십자가의 참된 의미는 곧 예수를 믿어 구원을 받는 것이다.

Memo

♣ 나눔의 시간 갖기

1. 오늘 말씀을 중심으로 삶에 적용해 보세요.

2. 기도

사랑의 하나님 오늘

예수님의 이름으로 기도드립니다. 아멘

3. 광고

①

②

③

4. 차시예고 (다음 구역공과 은혜시간에 중보기도 요청 내용과 감사의 기도 내용을 미리 공과에 적어오세요.)

5. 주기도문

〈부활절〉

24

예수 부활과 역사성

형제들아 내가 너희에게 전한 복음을 너희에게 알게 하노니 이는 너희가 받은 것이요 또 그 가운데 선 것이라 너희가 만일 내가 전한 그 말을 굳게 지키고 헛되이 믿지 아니하였으면 그로 말미암아 구원을 받으리라 내가 받은 것을 먼저 너희에게 전하였노니 이는 성경대로 그리스도께서 우리 죄를 위하여 죽으시고 장사 지낸 바 되셨다가 성경대로 사흘 만에 다시 살아나사 게바에게 보이시고 후에 열두 제자에게와 그 후에 오백여 형제에게 일시에 보이셨나니 그 중에 지금까지 대다수는 살아 있고 어떤 사람은 잠들었으며 그 후에 야고보에게 보이셨으며 그 후에 모든 사도에게와 맨 나중에 만삭되지 못하여 난 자 같은 내게도 보이셨느니라

(고전 15:1-8)

Memo

♣ 마음 나누기

1. 인사 (구역 식구들에게)

① 주님의 이름으로 사랑합니다.

② 당신은 축복의 통로입니다.

③ 당신은 주님의 멋진 동력자입니다.

2. 찬송 (164장 예수 부활했으니)

(1) 예수 부활했으니 할렐루야 만민 찬송하여라 할렐루야
천사들이 즐거워 할렐루야 기쁜 찬송 부르네 할렐루야
(2) 대속하신 주 예수 할렐루야 선한 싸움 이겼네 할렐루야
사망 권세 이기고 할렐루야 하늘 문을 여셨네 할렐루야
(3) 마귀 권세 이긴 주 할렐루야 왕의 왕이 되셨네 할렐루야
높은 이름 세상에 할렐루야 널리 반포 하여라 할렐루야
(4) 길과 진리 되신 주 할렐루야 우리 부활하겠네 할렐루야
부활 생명 되시니 할렐루야 우리 부활하겠네 할렐루야 아멘

3. 기도 (인도자나 기도 순서자가 기도)

사랑의 하나님 오늘 ....

....

....

예수님의 이름으로 기도드립니다. 아멘

4. 중보기도 요청 나누기

① 기도 내용 말하기: ....

② 감사기도 내용 말하기: ....

③ 응답기도 내용 말하기: ....

Memo

〈예수님만 믿어야 되는 이유〉

용산역 광장에서 어떤 집사님이 전도를 하고 있었다. 한참 듣고 있던 어떤 사람이 되물었다.

"불교든 기독교든 아무 종교나 잘 믿고 착하게 살면 되지 왜 꼭 예수를 믿어야만 된다고 합니까? 전 기독교의 그게 싫어요!"

그 집사님은 그 말에 쩔쩔 매고 계셨다.

여러분이라면 뭐라고 대답하겠는가?

정답은 〈예수님만 부활하셨기 때문〉이다.

그래서 다른 종교는 잘 믿어도 죽으면 그걸로 끝난다. 아니 지옥가고 만다.

예수님만 부활하셨기 때문에 예수님을 믿는 사람만 부활하여 하나님나라로 들어갈 수 있다.

부활은 기독교 신앙의 핵심 진리로서 예수를 믿는 자는 부활 신앙관의 확립이 무엇보다 중요하다. 신자의 신앙생활 속에 부활 신앙이 없다면, 그런 신앙은 죽은 신앙에 불과한 것이다. 그러므로 부활이 없는 신앙생활은 있을 수도 없는 것이요, 생각할 수조차 없는 것이다. 신자는 신앙생활이 삶에 액세서리가 되면 안된다. 부활 신앙으로 완전히 무장된 신앙관을 정립해야 한다. 예수를 믿으면서 부활 신앙이 해결되면 믿음에 산 소망과 활력이 넘치게 될 것이고, 어떤 어려움과 고통이 온다고 해도 능히 극복할 수 있는 능력있는 신앙생활을 하게 될 것이다.

Memo

1. 만약에 부활이 없다면 어떻게 될 것인가?

생각해 보라. 만약 부활이 있을 수 없는 사건이라면 어떻게 될 것인가? 그렇다면 예수가 다시 사는 사건도 없었을 것이고, 부활이 있지도 않으면서 있다고 전파하면서 다닌 예수님과 제자들은 사기꾼이 되는 것이요, 사기꾼 중에서도 고등 사기꾼이 된다.

그것 뿐이랴! 있지도 않는 부활을 있다고 믿으면서 미래의 산 소망을 가지고 살아가며, 복음을 전파한 우리의 믿음은 고등 사기꾼에게 걸려 철저하게 기만 당했으니 모두 헛것이 되고, 천국도 헛것이 되는 것이다. 그렇게 되면 우리 믿는 자들은 망한 인생이요, 이 세상에서 가장 불쌍한 인생이 되는 것이다. 그러나 낙심하지 않을 것은 주님은 부활하여 만인에게 보여 주심으로써 우리에게 확신과 소망을 주셨다는 것이다.

고전 15:12-20을 읽고 말씀의 의미를 생각해 봅시다.

> 그리스도께서 죽은 자 가운데서 다시 살아나셨다 전파되었거늘 너희 중에서 어떤 사람들은 어찌하여 죽은 자 가운데서 부활이 없다 하느냐 만일 죽은 자의 부활이 없으면 그리스도도 다시 살아나지 못하셨으리라 그리스도께서 만일 다시 살아나지 못하셨으면 우리가 전파하는 것도 헛것이요 또 너희 믿음도 헛것이며 또 우리가 하나님의 거짓 증인으로 발견되리니 우리가 하나님이 그리스도를 다시 살리셨다고 증언하였음이라 만일 죽은 자가 다시 살아나는 일이 없으면 하나님이 그리스도를 다시 살리지 아니하셨으리라 만일 죽은 자가 다시 살아나는 일이 없으면 그리스도도 다시 살아나신 일이 없었을 터이요 그리스도께서 다시 살아나신 일이 없으면 너희의 믿음도 헛되고 너희가 여전히 죄 가운데 있을 것이요 또한 그리스도 안에서 잠자는 자도 망하였으

리니 만일 그리스도 안에서 우리가 바라는 것이 다만 이 세상의 삶뿐이면 모든 사람 가운데 우리가 더욱 불쌍한 자이리라 그러나 이제 그리스도께서 죽은 자 가운데서 다시 살아나사 잠자는 자들의 첫 열매가 되셨도다

(고전 15:12-20)

Memo

2. 부활 사건은 어떻게 증명될 수 있는가?

사도 바울은 예수 부활 사건을 논리정연하게 증명함으로써 우리 믿는자들에게 산 소망을 주며, 부활에 확신과 담대함을 준다.

① **부활은 성경대로 된 것이다.**

성경에서 우리에게 보여주는 부활 사건은 전혀 아무런 언급이 없다가 어느 날 나타난 사건이 아니다. 부활 사건은 즉흥적이고, 임시 방편적으로 만들어낸 사건이 아니라는 것이다. 하나님은 전지전능하신 분이시다. 그러므로 그분은 역사에 일어날 앞 일을 다 알고 계신다. 뿐만 아니라 하나님은 모든 일들을 즉흥적으로 하시는 분이 아니시라 예언을 하시고 그것을 성취해 나감으로써 하나님의 전지전능성을 보여 주시고, 믿는 자들에게 신앙의 확신을 주신다. 부활도 바로 그렇게 해서 이루어진 것임을 기억하라. 성경은 하나님의 말씀으로서 이런 점에서 우리 신앙에 있어 최고의 책이다. 부활 사건도 성경의 예언대로 된 것이다.

내가 받은 것을 먼저 너희에게 전하였노니 이는 성경대로 그리스도께서 우리 죄를 위하여 죽으시고 장사 지낸 바 되셨다가 성경대로 사흘 만에 다시 살아나사

(고전 15:3-4)

Memo

② 부활은 역사적 사실이다.

진리는 불변하는 것이어야 하는데, 부활 사건은 역사적으로 입증되는 불변의 진리이다. 역사(History)란 말의 영어단어는 사람을 의미하는 '히스'(HIS)라는 말과 이야기를 뜻하는 '스토리'(STORY)라는 말의 합성어로서 '그분의 이야기'라는 의미를 가지고 있다. 그렇다면 역사란 말은 어느 사람의 이야기를 말하는 것인가? 이는 바로 예수 그리스도의 이야기를 의미하는 것으로서 '역사'라는 말 자체가 예수 부활 사건을 증명하고 있는 것이다.

뿐만 아니라 성경은 이스라엘의 역사서 이기도 하다. 예수 부활에 대한 사건은 어느 한 사람의 목격을 가지고서 기록한 것이 아니라, 수많은 사람들의 목격과 증언을 가지고서 기록한 역사적 사실이란 점에서 신빙성을 더해 준다.

예수 부활의 역사성을 성경은 기록하고 있다.

> 게바에게 보이시고 후에 열두 제자에게와 그 후에 오백여 형제에게 일시에 보이셨나니 그 중에 지금까지 대다수는 살아 있고 어떤 사람은 잠들었으며 그 후에 야고보에게 보이셨으며 그 후에 모든 사도에게와 맨 나중에 만삭되지 못하여 난 자 같은 내게도 보이셨느니라
>
> (고전 15:5-8)

③ 부활은 개인적인 체험을 통해서도 증명된다.

사도 바울은 부활 사건을 기록하면서 자신도 예수 부활을 체험한 자라고 증언하고 있다. 바울의 변화는 확실한 예수 부활에 대한 체험이 있기 때문에 이뤄진 사건이다.

내가 자유인이 아니냐 사도가 아니냐 예수 우리 주를 보지 못하였느냐 주 안에서 행한 나의 일이 너희가 아니냐 (고전 9:1)

Memo

증인은 자기가 경험하고, 체험한 사실을 있는 그대로 증언하는 자를 의미한다. 만약 거짓을 말하면 그는 위증자가 된다. 사도 바울은 예수를 처음부터 따라다녔던 사람도 아니고 오히려 핍박하던 사람인데 어떻게 하루 아침에 아무런 체험도 없이 예수 부활을 거짓으로 증언하며 다닐 수 있겠는가?

사도 바울의 변화야 말로 예수님의 부활을 직접 체험한 자의 증거임이 틀림없다. 우리도 믿음으로 예수님의 부활을 증거하는 믿음이 있어야 한다. 이 믿음이 구역을 성장시키는 원동력이 되어야 한다.

♣ 나눔의 시간 갖기

1. 오늘 말씀을 중심으로 삶에 적용해 보세요.

Memo

2. 기도

사랑의 하나님 오늘

예수님의 이름으로 기도드립니다. 아멘

3. 광고

①

②

③

4. 차시예고 (다음 구역공과 은혜시간에 중보기도 요청 내용과 감사의 기도 내용을 미리 공과에 적어오세요.)

5. 주기도문

〈어린이주일〉

25

유대인의 자녀교육

또 아비들아 너희 자녀를 노엽게 하지 말고 오직 주의 교훈과 훈계로 양육하라 (엡 6:4)

Memo

♣ 마음 나누기

1. 인사 (구역 식구들에게)

① 당신은 복 받을 사람입니다.

② 당신은 사랑받기 위해 태어난 사람입니다.

③ 당신은 주님의 멋진 형제(자매)입니다.

2. 찬송 (559장 사철에 봄바람 불어 잇고)

(1) 사철에 봄바람 불어 잇고 하나님 아버지 모셨으니
믿음의 반석도 든든하다 우리집 즐거운 동산이라
(2) 어버이 우리를 고이시고 동기들 사랑에 뭉쳐있고
기쁨과 설움도 같이하니 한간의 초가도 천국이라
(3) 아침과 저녁에 수고하여 다같이 일하는 온식구가
한상에 둘러서 먹고마셔 여기가 우리의 낙원이라
(후렴) 고마워라 임마누엘 예수만 섬기는 우리집
고마워라 임마누엘 복되고 즐거운 하루하루

3. 기도 (인도자나 기도 순서자가 기도)

사랑의 하나님 오늘 ....

....

....

예수님의 이름으로 기도드립니다. 아멘

4. 중보기도 요청 나누기

① 기도 내용 말하기: ....

② 감사기도 내용 말하기: ....

③ 응답기도 내용 말하기: ....

오늘날 유대인들의 인구는 전세계에 걸쳐서 1,500~1,600만 명(1986년 통계)정도밖에 안되는 아주 적은 인구이지만, 유대인들은 전 세계의 정치, 경제, 언론, 교육 등 각 분야에서 엄청난 영향력을 가지고 있다.

> 유대인들은 미국에 약 650만명 정도가 살고 있지만, 미국의 인류대학 교수의 30%정도를 점유하고 있으며, 지금까지 전 세계 노벨상의 약 30%정도를 차지하고 있다는 놀라운 보고도 있다.

유대인들의 이와 같은 현상은 저들이 특별히 우수한 두뇌를 가지고 태어난 것이라기 보다는 유대인 부모들의 자녀교육을 통해서 이루어진 결과라는데 더욱 놀라움을 가진다. 이 시간에는 유대인의 자녀교육의 특징 몇 가지를 통하여 교훈을 받도록 하자.

1. 민족 정신과 선민 사상 교육

유대인들은 수 천년 역사를 살아오면서 이민족들에게 온갖 고난을 받은 민족이다. 애굽의 430년간 노예생활, 바벨론 70년간 포로생활, 로마의 티토장군에게 A.D. 70년 멸망하고 약 2천년간 유랑생활, 세계 2차대전 때 독일의 나치에 의해 600만 명이 학살당한 사건 등 이루 헤아릴 수 없는 고난의 역사였다. 그러나 그들은 이런 역사를 부끄러워 하지 않고 우리는 하나님이 택한 선민이요, 하나님께서 세계 모든 민족 위에 뛰어나게 해주실 것이라는 확신과 민족정신을 고취하여 유랑생활 2천 년

Memo

을 마감하고 나라를 되찾은 민족이다.

> 여호와께서 야곱의 영광을 회복하시되 이스라엘의 영광 같게 하시나니 이는 약탈자들이 약탈하였고 또 그들의 포도나무 가지를 없이 하였음이라 (나 2:2)

> 네가 네 하나님 여호와의 말씀을 삼가 듣고 내가 오늘 네게 명령하는 그의 모든 명령을 지켜 행하면 네 하나님 여호와께서 너를 세계 모든 민족 위에 뛰어나게 하실 것이라 네가 네 하나님 여호와의 말씀을 청종하면 이 모든 복이 네게 임하며 네게 이르리니 (신 28:1-2)

2. 조기 교육

유대인들의 부모는 전통적으로 나라를 빼앗기고 살았기 때문에 각국에 흩어져 살면서 상업을 주업으로 삼았다. 그러므로 그들은 낯선 이국 땅에서 살아남고 성공하기 위해서는 자녀를 일찍부터 조기 교육을 함으로써 그들의 어려운 문제를 타개해 나갔다.

유대인의 조기 교육은 크게 세 가지인데 첫째는 외국어 교육으로 최소한 2-3개 국어를 습득케 하였고, 둘째는 순종 훈련으로 어려서부터 부모님과 스승에게는 절대 순종하는 훈련을 시켰으며, 셋째는 성경 교육으로 어려서부터 하나님을 경외하도록 하는 훈련을 하고 있다고 한다.

3. 개성을 길러주는 교육

한국 사람들의 특징 중 하나는 개성이 뚜렷지 않다는 점이라 하는데, 유대인 부모들은 자녀들에게 "1등이 되어야 한다."

고 말하기 보다는 "남과는 뭔가 다른 사람이 되라." 고 가르침으로써 개성있는 사람으로 성장할 수 있도록 지도한다.

사실 모든 사람이 동일한 일을 하고 있는 사회를 상상해 보라. 그 사회는 어떻게 될 것인가? 한 사회가 아름다운 사회가 되려면 개성있는 사람들이 서로 조화를 이뤄가는 사회여야 한다. 각각의 재능을 가지고 하나님 영광을 위해 일할 때 하나님의 영광도 크게 드러날 것이다.

4. 지혜를 길러주는 교육

유대인의 속담중에는 "물고기 한 마리를 잡아 주면 그것으로 하루를 먹고 살 수 있으나, 물고기를 잡는 방법을 가르쳐 주면 그것으로 평생동안 먹고 살 수 있게 된다."는 말이 있다.

유대인 자녀들이 자라면서 부모로부터 가장 자주 듣는 말은 "머리를 써서 살아라."는 말이라 한다. 부모들은 자녀로 하여금 머리를 쓰는 지혜 훈련을 지속적으로 한다. 진정한 의미는 자녀교육은 입시를 위한 지식 축적이 아니라, 삶에 필요한 지혜를 배우고 터득하게 하는 것이다. 지혜는 신앙과 인생을 승리케 하는 가장 귀한 것이다.

> 지혜가 제일이니 지혜를 얻으라 네가 얻은 모든 것을 가지고 명철을 얻을지니라 그를 높이라 그리하면 그가 너를 높이 들리라 만일 그를 품으면 그가 너를 영화롭게 하리라 그가 아름다운 관을 네 머리에 두겠고 영화로운 면류관을 네게 주리라 하셨느니라 (잠 4:7-9)

5. 율법과 신앙교육

유대인들은 날마다 하나님을 생각하고 경외하는 습관을 지

Memo

Memo

니도록 자녀를 교육한다. 어려서부터 율법을 교육하고, 가정예배를 생활화 함으로써 믿음으로 살도록 교육하는 것이다.

> 오직 너희의 하나님 여호와께 붙어 떠나지 않은 너희는 오늘까지 다 생존하였느니라 내가 나의 하나님 여호와께서 명령하신 대로 규례와 법도를 너희에게 가르쳤나니 이는 너희가 들어가서 기업으로 차지할 땅에서 그대로 행하게 하려 함인즉 너희는 지켜 행하라 이것이 여러 민족 앞에서 너희의 지혜요 너희의 지식이라 그들이 이 모든 규례를 듣고 이르기를 이 큰 나라 사람은 과연 지혜와 지식이 있는 백성이로다 하리라 우리 하나님 여호와께서 우리가 그에게 기도할 때마다 우리에게 가까이 하심과 같이 그 신이 가까이 함을 얻은 큰 나라가 어디 있느냐 오늘 내가 너희에게 선포하는 이 율법과 같이 그 규례와 법도가 공의로운 큰 나라가 어디 있느냐 오직 너는 스스로 삼가며 네 마음을 힘써 지키라 그리하여 네가 눈으로 본 그 일을 잊어버리지 말라 네가 생존하는 날 동안에 그 일들이 네 마음에서 떠나지 않도록 조심하라 너는 그 일들을 네 아들들과 네 손자들에게 알게 하라 (신 4:4-9)

가정예배는 아이들의 어휘력을 뛰어나게 만든다는 통계가 있다. 어느 학자의 연구에 의하면 4살 기준으로 유대인은 어휘력이 3,000단어인데 비해 타민족의 아이들은 1,500단어 수준이라 한다. 그러므로 유대인의 자녀들이 우수해질 수밖에 없다 하겠다.

하나님은 말씀과 신앙으로 양육되어진 자녀들을 축복하시고 은혜를 주심을 기억해야 한다.

♣ 나눔의 시간 갖기

Memo

1. 오늘 말씀을 중심으로 삶에 적용해 보세요.

2. 기도

사랑의 하나님 오늘

예수님의 이름으로 기도드립니다. 아멘

3. 광고

①

②

③

4. 차시예고 (다음 구역공과 은혜시간에 중보기도 요청 내용과 감사의 기도 내용을 미리 공과에 적어오세요.)

5. 주기도문

〈어버이주일〉

26

네 부모를 공경하라

자녀들아 주 안에서 너희 부모에게 순종하라 이것이 옳으니라 네 아버지와 어머니를 공경하라 이것은 약속이 있는 첫 계명이니 이로써 네가 잘되고 땅에서 장수하리라 (엡 6:1-3)

Memo

♣ 마음 나누기

1. 인사 (구역 식구들에게)

① 당신은 오늘 건강해 보이십니다.

② 당신과 함께하여 기쁩니다.

③ 당신은 은혜가 풍성한 사람입니다.

2. 찬송 (199장 나의 사랑하는 책)

(1) 나의 사랑하는 책 비록 해어졌으나 어머니의 무릎 위에 앉아서
재미있게 듣던 말 그때 일을 지금도 내가 잊지 않고 기억합니다
(2) 옛날 용맹스럽던 다니엘의 경험과 유대 임금 다윗 왕의 역사와
주의 선지 엘리야 바람타고 하늘에 올라 가던 일을 기억합니다
(3) 예수 세상 계실 때 많은 고난 당하고 십자가에 달려 죽임 당한 일
어머니가 읽으며 눈물 많이 흘린 것 지금까기 내가 기억합니다
(4) 그때 일은 지나고 나의 눈에 환하오 어머니의 말씀 기억하면서
나도 시시때때로 성경 말씀 읽으며 주의 뜻을 따라 살려합니다
(후렴) 귀하고 귀하다 우리 어머니가 들려주시던
재미있게 듣던 말 이 책중에 있으니 이 성경 심히 사랑합니다

3. 기도 (인도자나 기도 순서자가 기도)

사랑의 하나님 오늘 ....

....

예수님의 이름으로 기도드립니다. 아멘

4. 중보기도 요청 나누기

① 기도 내용 말하기: ....

② 감사기도 내용 말하기: ....

③ 응답기도 내용 말하기: ....

Memo

5月이 올 때마다 어버이날이 있어서 부모의 은혜를 생각하게 된다. 하나님께서 부모를 통해 나를 태어나게 하신 것을 생각하면 하나님의 사랑과 부모의 사랑에 감사하지 아니할 수가 없다. 십계명 중에서도 제 1계명부터 4계명까지가 하나님을 공경하는 것이라면 제 6계명부터 10계명까지는 부모 사랑과 이웃 사랑을 말하고 있는데, 하나님께서도 부모의 사랑이 얼마나 중요한가를 말씀하고 있는 것이다.

〈아버지를 팝니다〉

어느 날, 신문에 희한한 광고가 게재됐다.

"아버지를 팝니다."

어떤 젊은이가 광고의 주소를 보고 찾아갔다. 그 집은 아주 부잣집이었다. 의아한 생각을 하며 노크를 했다.

"광고를 보고 왔습니다. 파신다는 아버지는 어디 계십니까?"

"바로 나요. 그런데 왜 아버지를 사려고 하시오?"

"예, 저와 저의 처는 모두 아버지가 안 계십니다. 아버지를 모시고 사는 것이 평생소원이었습니다."

"그럼, 돈은 준비해 왔소? 진짜 나를 사겠소?"

젊은이는 그 돈을 노인께 드리며 말했다.

"제가 아버지를 샀으니, 이제부터는 저의 아버님이십니다. 절 받으십시오, 아버님."

"고맙네, 아들아. 많은 사람들이 내 재산이 탐나서 그러는데 너는 아니구나. 너야말로 진정 내 아들이다. 이젠 내 전재산을 아들인 네가 관리해라. 나는 좀 쉬어야겠구나."

Memo

성도는 부모를 공경해야 한다. 부모를 공경할 때 하나님의 사랑을 깨달을 수가 있고 은혜와 축복을 받을 수 있는 것이다.

그럼 부모를 공경해야 하는 이유와 부모를 공경함으로 받는 축복은 무엇인가를 알아봄으로써 은혜받는 시간이 되도록 하자.

1. 우리가 부모를 공경해야 할 이유는 무엇인가?

하나님의 명령이기 때문이다. 출애굽기 20장 12절에 하나님께서 명령하시기를 "네 부모를 공경하라."고 말씀하셨다. 부모의 은혜와 사랑이 너무나도 크기 때문에 말씀하신 것이다.

인간은 하나님의 뜻을 자신의 지혜로는 전부 깨달을 수 없고, 부분적으로만 깨달을 수 있는 불완전성을 갖고 있다.

그러므로 하나님은 우리를 설득하시기보다는 말씀을 통하여 명령을 하시고, 순종을 요구하신다. 인간이 하나님의 명령을 따라 순복하여 부모를 공경할 때 그것은 우리에게 축복이 된다.

다음 말씀은 하나님께서 부모를 공경하라는 명령의 말씀들이다. 다같이 읽어 보도록 합시다.

> 내 아들아 네 아비의 훈계를 들으며 네 어미의 법을 떠나지 말라 (잠 1:8)

> 자녀들아 주 안에서 너희 부모에게 순종하라 이것이 옳으니라 네 아버지와 어머니를 공경하라 이것은 약속이 있는 첫 계명이니 (엡 6:1-2)

2. 부모를 공경함으로 받는 축복은 무엇인가?

신자든 불신자든 부모를 잘 공경하여 축복받지 못하는 사람은 없다. 이 진리는 세상적으로도 불변의 진리이며, 기독교에서도 불변의 진리이다. 하나님께서는 일반적인 은혜를 불신자에게도 주셨기 때문에 불신자라고 할지라도 부모에게 효도를 잘하는 사람들은 축복을 받고 산다. 하물며 하나님의 백성이 부모 공경으로 살면 하나님께서 얼마나 크게 축복하시겠는가? 신자는 세상의 사람들보다도 더 본이 되어 부모 공경을 이뤄야 한다.

우리가 믿는 하나님은 이런 자들에게 다음과 같이 축복하신다고 했으니 아름답다.

① 바른 인생길을 가게 된다.

> 내 아들아 네 아비의 명령을 지키며 네 어미의 법을 떠나지 말고 그것을 항상 네 마음에 새기며 네 목에 매라 그것이 네가 다닐 때에 너를 인도하며 네가 잘 때에 너를 보호하며 네가 깰 때에 너와 더불어 말하리니 대저 명령은 등불이요 법은 빛이요 훈계의 책망은 곧 생명의 길이라 이것이 너를 지켜 악한 여인에게, 이방 여인의 혀로 호리는 말에 빠지지 않게 하리라 (잠 6:20-24)

② 이 땅에서 잘 되는 축복이 있다.

> 자녀들아 주 안에서 너희 부모에게 순종하라 이것이 옳으니라 네 아버지와 어머니를 공경하라 이것은 약속이 있는 첫 계명이니 이로써 네가 잘되고 땅에서 장수하리라 (엡 6:1-3)

Memo

③ 장수의 축복이 있다.

네 부모를 공경하라 그리하면 네 하나님 여호와가 네게 준 땅에서 네 생명이 길리라 (출 20:12)

3. 부모 공경의 방법

첫째, 살아 생전에 잘해 드려야 한다. 돌아가신 후에 진수성찬을 차려 놓고 공양을 해야 소용없다. 귀신들만 좋아할 뿐이다. 살아계실 때에 부모의 마음을 기쁘게 해드리는 것이 부모를 공경하는 것이 된다.

둘째, 주 안에서 공경해야 한다. 주 안에서란 주님을 우선하여 생각하여, 그 안에서 부모 공경을 이뤄야 한다는 말이다. 효도한다고 제사 지내는 것은 참 효가 아니다.

셋째, 천국 문제를 해결해 드리라. 부모님은 앞으로 이 세상에서 살 날이 많지 않기에 이 문제 해결이 우선이다. 천국 문제를 해결하면 영생복락을 누리게 되기 때문에 이 문제를 해결해 드리는 것이 가장 큰 효의 원천이다.

넷째, 부모를 즐겁게 해 드리라. 나를 낳아 주신 부모를 노엽게 말고 즐겁게 해 드리는 것은 자식된 도리로서 마땅한 바다. 부모님은 하나님이 내신 위임기관임을 기억하고 어떻게 하면 하나님을 기쁘시게 해 드릴 것인가를 생각하듯 어떻게 부모님을 기쁘시게 해 드릴 것인가를 날마다 생각해야 한다.

잠 23:25을 읽고 부모님을 즐겁게 해 드리는 방법을 생각해 봅시다.

네 부모를 즐겁게 하며 너를 낳은 어미를 기쁘게 하라 (잠 23:25)

♣ 나눔의 시간 갖기

Memo

1. 오늘 말씀을 중심으로 삶에 적용해 보세요.

2. 기도

사랑의 하나님 오늘

예수님의 이름으로 기도드립니다. 아멘

3. 광고

①

②

③

4. 차시예고 (다음 구역공과 은혜시간에 중보기도 요청 내용과 감사의 기도 내용을 미리 공과에 적어오세요.)

5. 주기도문

Memo

자기주도적 성장하는 구역

인쇄일 2010년 11월 10일
발행일 2010년 11월 20일

지은이 신정석
펴낸이 장사경
편집디자인 송지혜
경영총무 조자숙

펴낸곳 Grace Publisher(은혜출판사)

주소 서울 종로구 숭인 2동 178-94
전화 (02) 744-4029 팩스 (02) 744-6578
출판등록 제 1-618호(1988. 1. 7)

ISBN 978-89-7917-890-6 04230
ISBN 978-89-7917-889-0 04230 (세트)